ALAIN PÉRIÉ

Diagnostics immobiliers

Vos obligations – Vos recours

Les experts en diagnostics immobiliers

EDITIONS DU PUITS FLEURI
77850 Héricy - FRANCE

Editeur : Emile Guchet

ISBN : 2-86739-372-3
ISSN : 0414-6492

Avant-propos

On a souvent l'occasion de parler des diagnostics immobiliers et de leur caractère contraignant, sources qui plus est, de dépenses supplémentaires lors d'une vente ou d'une location d'un bien immobilier. Il faut dire qu'ils sont toujours plus nombreux puisque de nouveaux diagnostics entrent en vigueur tous les ans : le diagnostic de performance énergétique et le diagnostic plomb des logements du marché locatif ainsi que l'état de l'installation intérieure de gaz en 2008 et, dès le 1er janvier 2009, l'état de l'installation intérieure d'électricité. Pour les propriétaires, déjà bien perplexes devant toutes ces nouvelles obligations, la facture finale augmente en proportion.

D'autant que tout laisse à penser que d'ici quelques années, c'est probablement un véritable « carnet de santé du bâtiment » qui sera porté à la connaissance des acquéreurs et des locataires sur le modèle du « home condition report » (HCR) institué en Grande-Bretagne en 2007.

Les diagnostics immobiliers n'en constituent pas moins une avancée considérable en matière de transparence des transactions immobilières. Grâce aux informations contenues dans les diagnostics, les acquéreurs comme les locataires sont assurés de recevoir un bien immobilier ne présentant pas de risques pour leur santé et leur sécurité. Or, quand on sait que les enfants sont souvent les premières victimes des multiples dangers liés à l'occupation d'un logement, notamment le saturnisme ou les accidents causés par la non-conformité d'une installation d'électricité, on ne peut que se réjouir du renforcement de l'obligation d'information.

Les diagnostics immobiliers participent à l'amélioration générale de la qualité de notre habitat en permettant une rénovation efficace du patrimoine immobilier national. Ils contribuent notamment à l'urgent recensement des immeubles insalubres.

A l'heure d'une prise de conscience générale, les diagnostics immobiliers jouent également un rôle fondamental dans la lutte contre le réchauffement climatique. Le diagnostic de performance énergétique (DPE) est un outil indispensable pour atteindre les objectifs ambitieux fixés par le Grenelle de l'environnement.

Pourtant, on peut regretter que les médias ne s'intéressent bien souvent aux diagnostics que pour mettre en cause la crédibilité des professionnels chargés de les réaliser. Ces professionnels, les « diagnostiqueurs immobiliers », sont aujourd'hui incontournables lors de la plupart des transactions, qu'elles aient pour objet de vendre ou de louer un bien immobilier. C'est probablement la raison pour laquelle ils sont autant exposés aux critiques de toutes parts. Pourtant, la plupart d'entre eux sont des personnes compétentes, très conscientes de leur responsabilité et de leur rôle dans les problématiques de santé, de sécurité et d'environnement liées au bâtiment.

Leur statut professionnel a été réorganisé depuis peu. Ils sont aujourd'hui tenus d'être titulaires de certifications pour pouvoir établir les diagnostics contenus dans le dossier annexé aux contrats de vente et de location.

Informer les propriétaires, vendeurs ou bailleurs, de leurs obligations en matière de diagnostic immobilier et d'information et les conseiller pour les aider à faire intervenir un expert dans de bonnes conditions. Présenter aux occupants des biens immobiliers leurs droits et les possibilités de recours qu'ils ont à leur disposition en cas d'absence ou d'erreur de diagnostics. Tels sont, notamment, les objectifs de ce guide pratique destiné aux propriétaires, aux locataires ainsi qu'à tous ceux qui envisagent d'accéder à la propriété.

Sommaire

Partie 1.

Les diagnostics immobiliers

C'est la jurisprudence qui a établi au fil des années l'essentiel d'une obligation générale d'information et de conseil à la charge des propriétaires vendeurs ou bailleurs. A tel point que le législateur a dû intervenir et multiplie aujourd'hui le nombre d'informations qu'ils doivent délivrer aux personnes susceptibles de contracter avec eux.

Pour le vendeur, l'établissement du dossier de diagnostic technique lui permet de s'exonérer de son obligation de garantie des vices cachés et se prémunir ainsi de recours de l'acquéreur dans le cas où le logement présenterait des défauts susceptibles d'en gêner l'utilisation dans des conditions normales.

La responsabilité du bailleur ne se limite pas à son obligation d'informer le locataire des vices et défauts du bien immobilier qu'il s'apprête à lui louer. Il doit aussi et surtout réaliser les travaux nécessaires avant la conclusion du bail. A défaut, sa responsabilité pénale pourra être mise en cause. Enfin, il est tenu de remettre au locataire un logement en tous points conforme à des critères de décence sous peine de recours du locataire.

Chapitre 1.

Les diagnostics obligatoires en cas de vente

La plus grande partie des informations dues par le vendeur d'un bien immobilier est aujourd'hui regroupée dans un document, appelé dossier de diagnostic technique, qui doit être porté à la connaissance de l'acquéreur.

La production de ce dossier en annexe de l'avant-contrat ou de l'acte authentique de vente autorise le vendeur à s'exonérer de son obligation de garantie des vices cachés correspondants.

Lorsque la vente porte sur un immeuble soumis au régime de la copropriété ou sur certains types de biens très particuliers, l'acquéreur dispose de plusieurs documents et informations supplémentaires qui n'en sont pas moins obligatoires.

Enfin, la loi a créé des droits et organise des recours pour l'acquéreur lorsqu'il est trompé par une mauvaise information.

Remarques et conseils

L'avant-contrat de vente est rédigé par le notaire

Même si l'intervention du notaire n'est pas obligatoire pour la rédaction de l'avant-contrat (promesse de vente ou compromis de vente), il est tout de même recommandé de lui confier la responsabilité de le rédiger. L'avant-contrat de vente est en effet l'engagement définitif des deux parties. L'acte authentique n'étant que la réitération sous une forme permettant la publicité foncière de la vente. L'expertise et les conseils du notaire, qui ont certes un coût (environ 500 euros), peuvent être salutaires pour le vendeur comme pour l'acquéreur dans le cas où la vente serait plus complexe que prévu en raison, par exemple, de la découverte tardive par l'acquéreur de rapports de diagnostics techniques alarmants.

A. Le dossier de diagnostic technique

L'article L. 271-4 du Code de la construction et de l'habitation prévoit qu' « *en cas de vente de tout ou partie d'un immeuble bâti, un dossier de diagnostic technique, fourni par le vendeur, est annexé à la promesse de vente ou, à défaut de promesse, à l'acte authentique de vente* ».

Sept diagnostics composent actuellement le « dossier de diagnostic technique vente » :
— le constat de risque d'exposition au plomb (CREP),
— l'état des risques naturels et technologiques,
— le diagnostic de performance énergétique (DPE),
— l'état relatif à la présence de termites,

— l'état mentionnant la présence ou l'absence de matériaux ou produits contenant de l'amiante,
— l'état de l'installation intérieure de gaz,
— l'état de l'installation intérieure d'électricité.

Un huitième document sera introduit dans le dossier à compter du 1er janvier 2013 : le document établi à l'issu du contrôle de l'assainissement non-collectif.

Pour la plupart de ces diagnostics, la sanction pour le vendeur en cas de méconnaissance de ses obligations est de ne pas être exonéré de sa garantie des vices cachés même en présence d'une clause d'exonération.

Remarques et conseils

Qu'est ce qu'un vice caché ?

Un vice caché est un défaut, non apparent lors de l'achat, qui empêche l'usage du bien dans des conditions normales.

C'est le cas d'une installation de gaz s'avérant dangereuse, une infestation de termites ou encore de fissures rebouchées mais réapparues après la vente et résultant de l'insuffisance de fondations.

C'est au seul juge d'estimer si ce défaut était réellement caché, qu'il existait bien au moment de la vente, qu'il est suffisamment grave pour empêcher ou gêner l'occupation normale du bien et que l'acquéreur n'en avait pas connaissance au moment de contracter.

Que dit la loi ?

L'obligation du vendeur de garantir les vices cachés

Selon le Code civil, le propriétaire vendeur est tenu de remettre à l'acquéreur le bien dans l'état prévu au contrat et de lui en garantir ses éventuels vices cachés. La garantie des vices cachés fait peser sur le vendeur un risque important. Lorsque le vice caché est reconnu par le juge, l'acquéreur peut, soit demander l'annulation du contrat de vente, soit une diminution du prix, même si le vendeur n'avait pas connaissance du défaut.

De plus, s'il est démontré que le vendeur connaissait l'existence du vice au moment de la vente, il devra verser des dommages-intérêts à l'acquéreur (pour plus de précisions sur les droits et recours de l'acquéreur, lire le chapitre 3).

La clause d'exonération de la garantie des vices cachés

La plupart du temps, dans l'avant contrat et le contrat de vente, une clause de non-garantie des vices est insérée précisant que l'acquéreur prend le bien en l'état et renonce à tout recours pour quelque cause que ce soit. Elle est généralement rédigée ainsi :

CHARGES ET CONDITIONS

La présente vente est faite aux conditions suivantes, que l'acquéreur s'oblige à exécuter et accomplir :

1° De prendre l'immeuble vendu dans son état actuel, sans garantie de l'état du sol ou du sous-sol, fouilles ou excavations, mitoyennetés, communautés, défaut d'entretien ou d'alignement, ou autres vices ou défauts cachés, soit d'erreur ou d'omission dans la désignation ou dans l'origine de propriété, soit enfin dans la contenance...

Pour les risques entrant dans le champ des diagnostics contenus dans le DDT (amiante, plomb, risques naturels et technologiques, installations de gaz et d'électricité et termites), cette clause destinée à protéger le vendeur de recours fait effet si :

— le vendeur a respecté son obligation d'annexer au contrat de vente un dossier de diagnostic valable et réalisé par un professionnel répondant à divers critères de compétence, d'indépendance et de solvabilité (voir partie 2 de cet ouvrage) ;
— le vendeur n'est pas un professionnel ;
— le vendeur n'est pas de mauvaise foi.

Pour les autres risques, la clause n'est valable que si le vendeur n'est pas un professionnel ou que si l'acquéreur n'est pas en mesure de prouver que le vice était connu par le vendeur au moment de la signature de l'acte.

Dans les pages qui suivent, sont examinés les tenants et les aboutissants de chacun des sept diagnostics obligatoires.

▶ Le constat des risques d'exposition au plomb (CREP)

Le plomb est présent à l'état naturel dans l'environnement et a de nombreuses applications industrielles. Toutefois, des quantités même infimes de plomb peuvent être dangereuses pour la santé humaine car l'ingestion ou l'inhalation de plomb est toxique. Elle provoque des effets réversibles (anémie, troubles digestifs) ou irréversibles (atteinte du système nerveux, baisse du quotient intellectuel, etc.). Une fois dans l'organisme, le plomb est stocké, notamment dans les os, d'où il peut être libéré dans le sang, des années ou même des dizaines d'années plus tard.

L'intoxication chronique par le plomb, appelée saturnisme, est particulièrement grave chez le jeune enfant. Les femmes en âge de procréer doivent également se protéger car, pendant la grossesse, le plomb peut traverser le placenta et contaminer le fœtus.

Des peintures fortement chargées en plomb (céruse) ont été couramment utilisées jusque vers 1950. Ces peintures, souvent recouvertes par d'autres revêtements depuis, peuvent être dégradées à cause de l'humidité, à la suite d'un choc, par grattage ou à l'occasion de travaux : les écailles et les poussières ainsi libérées constituent alors une source d'intoxication. Ces peintures représentent le principal risque d'exposition au plomb dans l'habitation.

• En quoi consiste un CREP ?

Le constat de risque d'exposition au plomb (CREP) consiste à mesurer la concentration en plomb de tous les revêtements du bien concerné, afin d'identifier ceux contenant du plomb, qu'ils soient dégradés ou non, à décrire leur état de conservation et à repérer, le cas échéant, les facteurs de dégradation du bâti permettant d'identifier les situations d'insalubrité.

Les résultats du CREP doivent permettre de connaître non seulement le risque immédiat lié à la présence de revêtements dégradés contenant du plomb (qui génèrent spontanément des poussières ou des écailles pouvant être ingérées par un enfant), mais aussi le risque potentiel lié à la présence de revêtements en bon état contenant du plomb (encore non accessible).

En revanche, l'opérateur de diagnostics ne procède pas au repérage de canalisations en plomb ni à la mesure de la teneur en plomb de l'eau du robinet.

Le CREP doit être annexé à la promesse de vente, ou à défaut de promesse, à l'acte authentique de vente.

• Immeubles concernés

La production d'un CREP est obligatoire pour tout immeuble à usage d'habitation construit avant le 1er janvier 1949 et objet d'une vente.

Le CREP porte uniquement sur les revêtements privatifs du logement, y compris ceux situés à l'extérieur (volets, portail, grille...).

Les immeubles objets d'une donation et d'une succession sont exclus de l'obligation de fournir un CREP.

Remarques et conseils

Un CREP dans les parties communes doit être réalisé au plus tard le 11 août 2008

Afin d'informer les occupants de l'immeuble et les entreprises amenées à y effectuer des travaux, un CREP devra être établi pour les parties communes de tout immeuble collectif d'habitation construit avant le 1er janvier 1949. Selon que l'immeuble est soumis ou non au régime de la copropriété, c'est le syndic (pour le compte de syndicat des copropriétaires) ou le propriétaire qui a la charge de missionner un expert en diagnostic immobilier au plus tard le 11 août 2008. En cas d'accident, le syndicat des copropriétaires, ou le propriétaire, engage sa responsabilité pénale si le CREP n'a pas été réalisé. Sa durée de validité est illimitée.

• Durée de validité du CREP

Le CREP est valable un an s'il établit la présence de revêtement contenant du plomb à des concentrations supérieures aux seuils.

En revanche, un précédent CREP ayant révélé l'absence de revêtements contenant du plomb ou la présence de revêtements contenant du plomb à des concentrations inférieures aux seuils a une durée de validité permanente. Il est donc inutile de le renouveler.

• Contenu du CREP

Doivent figurer dans le rapport, selon l'arrêté du 25 avril 2006 relatif au constat de risque d'exposition au plomb, les éléments suivants :

— la liste complète des documents constituant le rapport, annexes comprises, et le nombre total de pages ;
— l'identification et les coordonnées du commanditaire du constat ;
— l'identification et les coordonnées de l'organisme chargé de la mission, l'identification de l'auteur du constat et sa signature ;
— les références du contrat d'assurance de l'organisme chargé de la mission ;
— la ou les dates du constat et la date du rapport ;
— l'adresse, la localisation du bien immobilier objet de la mission et le croquis établi, le cas échéant ;

— les circonstances et le champ de la mission, l'état d'occupation du bien ;
— la liste détaillée des locaux visités et non visités, et la raison pour laquelle un local n'a pas été visité ;
— le ou les croquis des locaux mentionnant leur affectation ;
— l'identification des zones de chaque local ;
— le modèle d'appareil à fluorescence X utilisé et son numéro de série, ainsi que, pour les appareils équipés d'une source radioactive, la date de chargement de la source dans l'appareil, la nature du radionucléide et son activité à la date de chargement de la source ;
— les coordonnées du laboratoire d'analyses et la méthode d'analyse employée par ce laboratoire, le cas échéant ;
— pour chaque local, un tableau récapitulatif sur le modèle des exemples *in fine* ; en l'absence de mesure, la raison pour laquelle la mesure n'a pas été effectuée sera indiquée dans la colonne « Observations » du tableau (ex. : hauteur de l'unité de diagnostic à mesurer supérieure à 3 mètres, absence de revêtement, etc.) ;
— le cas échéant, les facteurs de dégradation du bâti relevés et l'appréciation sur l'état général du bien objet de la mission ; la liste des facteurs de dégradation du bâti est fixée en annexe 4 ;
— les éventuels commentaires ;
— le cas échéant, la reproduction des dispositions de l'article L. 1334-9 du Code de la santé publique.

Le constat rappelle en conclusion le nombre total d'unités de diagnostic et le pourcentage respectif des unités de diagnostic de classe 0, de classe 1, de classe 2 et de classe 3 par rapport au nombre total d'unités de diagnostic.

S'il existe au moins une unité de diagnostic de classes 1 et 2, l'auteur du constat rappelle au propriétaire l'intérêt de veiller à l'entretien des revêtements les recouvrant, afin d'éviter leur dégradation future.

Exemple de tableau de mesure figurant dans un CREP

N°	LOCAL	ZONE	UNITÉ DE DIAGNOSTIC	SUBSTRAT	REVÊTEMENT apparent	LOCALISATION de la mesure (facultatif)	MESURE (mg/cm^2)	NATURE de la dégradation	CLASSEMENT	OBSERVATIONS
1	na	na	Calibrage	na	na		na	na	na	
2	Salon	A	Ouvrant porte	Bois	Peinture		0,08		0	
3							0,08			
4	Salon	A	Bâti porte	Bois	Peinture		0,05		0	
5							0,03			
6	Salon	A	Imposte	Plâtre	Papier peint		0,16		0	
7							0,12			
8	Salon	B	Plinthes	Bois	Peinture		0,13		0	
9		D					0,05			
10	Salon	B	Mur B	Plâtre	Papier peint	> 1 m	0,29		0	
11						< 1 m	0,00			
12	Salon	C	Mur C	Plâtre	Papier peint	> 1 m	0,19		0	
13						< 1 m	0,17			
14	Salon	C	Allège	Plâtre	Papier peint		0,06	D	3	
15							19,30			
16	Salon	C	Ouvrant fenêtre	Bois	Peinture		12,61	EU	2	
17	Salon	C	Bâti fenêtre	Bois	Peinture		13,10	EU	2	
18	Salon	C	Tableaux fenêtre	Plâtre	Peinture		15,62	EU	2	
19	Salon	D	Mur D	Plâtre	Papier peint	< 1 m	0,20		0	
20						> 1 m	0,19			
21	Salon	E	Plafond	Plâtre	Peinture	Milieu	0,02		0	
22						Angle B/C	0,02			
23	Salon	E	Corniche	Plâtre	Peinture		7,43	EU	2	

Abréviations : non visible : NV ; non dégradé : ND ; état d'usage : EU ; dégradé : D.

S'il existe au moins une unité de diagnostic de classe 3, l'auteur du constat rappelle au propriétaire l'obligation d'effectuer les travaux appropriés pour supprimer l'exposition au plomb et l'obligation de communiquer le constat aux occupants de l'immeuble ou de la partie d'immeuble concernée et à toute personne physique ou morale appelée à effectuer des travaux dans cet immeuble ou partie d'immeuble.

Cette communication consiste à transmettre une copie complète du constat, annexes comprises.

Quels sont les facteurs de dégradation ?

Les facteurs de dégradation du bâti sont déterminés par le diagnostiqueur en fonction des mesures prises dans le bien et de son état. Ils sont au nombre de cinq :

1. Au moins un local parmi les locaux objets du constat présente au moins 50% d'unités de diagnostic de classe 3 ;

2. L'ensemble des locaux objets du constat présente au moins 20 % d'unités de diagnostic de classe 3 ;

3. Les locaux présentent au moins un plancher ou plafond menaçant de s'effondrer ou en tout ou partie effondré ;

4. Les locaux objets du constat présentent des traces importantes de coulures ou de ruissellement ou d'écoulement d'eau sur plusieurs unités de diagnostic d'une même pièce ;

5. Les locaux objets du constat présentent plusieurs unités de diagnostic d'une même pièce recouverts de moisissures ou de nombreuses taches d'humidité.

Quelles sont les limites de concentration en plomb ?

Un revêtement contient du plomb si l'une des conditions suivantes est vérifiée pour au moins une des mesures réalisées :

— en l'absence d'analyse chimique, la concentration surfacique en plomb total mesurée à l'aide d'un appareil portable à fluorescence X est supérieure ou égale à 1 mg/cm^2 ;
— quel que soit le résultat de l'analyse par fluorescence X, la concentration massique en plomb acido-soluble mesurée en laboratoire sur un prélèvement est supérieure ou égale à 1,5 mg/g.

• Que se passe-t-il en présence de revêtements contenant du plomb ?

Le propriétaire est tenu de réaliser des travaux destinés à supprimer le risque d'exposition au plomb. Ils consistent à mettre en place des matériaux de recouvrement sur les revêtements dégradés contenant du plomb mis en évidence lors du diagnostic et incluent, le cas échéant, le remplacement de certains éléments de construction et les travaux nécessaires pour supprimer les causes immédiates de la dégradation des revêtements.

Les travaux ne doivent pas entraîner de dissémination nuisible de poussières de plomb.

Le propriétaire a également l'obligation d'informer les tiers (occupants et toutes personnes amenées à réaliser des travaux dans le logement) de la présence de plomb dans les peintures en leur remettant une copie du constat.

De son côté, le diagnostiqueur est tenu de transmettre immédiatement au Préfet du département les constats faisant apparaître des facteurs de dégradation notamment si des enfants mineurs vivent dans le logement. Le Préfet et le Maire peuvent alors diligenter une enquête environnementale, procéder à une injonction de travaux, voire mettre en œuvre une procédure d'insalubrité.

Remarques et conseils

Cas de saturnisme ou risque d'exposition au plomb

Lorsqu'il en a la connaissance, par un médecin de ville, un service social..., le médecin inspecteur de santé publique doit signaler un risque d'exposition au plomb ou un cas de saturnisme au préfet.

Le préfet fait alors effectuer un diagnostic par le service de la préfecture ou un opérateur agréé.

En cas de présence de revêtements dégradés contenant du plomb susceptibles d'être à l'origine de l'intoxication, le préfet dispose de mesures coercitives contre le propriétaire, le syndicat des copropriétaires, ou l'exploitant du local d'hébergement, afin de faire réaliser des travaux à leurs frais.

Les mesures de prévention en présence de revêtements contenant du plomb

Le plomb contenu dans les peintures ne présente pas de risque tant qu'elles sont en bon état ou inaccessibles. En revanche, le risque apparaît dès qu'elles s'écaillent ou se dégradent. Dans ce cas, un enfant peut s'intoxiquer :

— s'il porte à la bouche des écailles de peinture contenant du plomb ;

— s'il se trouve dans une pièce contaminée par des poussières contenant du plomb ;

— s'il reste à proximité de travaux dégageant des poussières contenant du plomb.

Le plomb en feuille contenu dans certains papiers peints (posés parfois sur les parties humides des murs) n'est dangereux qu'en cas d'ingestion de fragments de papier. Le plomb laminé des balcons et rebords extérieurs de fenêtre n'est dangereux que si l'enfant a accès à ces surfaces, y porte la bouche ou suce ses doigts après les avoir touchées.

Pour éviter qu'un enfant ne s'intoxique, il convient de :
— surveiller l'état des peintures et effectuer les menues réparations qui s'imposent sans attendre qu'elles s'aggravent ;
— lutter contre l'humidité, qui favorise la dégradation des peintures ;
— éviter le risque d'accumulation des poussières : ne pas poser de moquette dans les pièces où l'enfant joue, nettoyer souvent le sol, les rebords de fenêtres avec une serpillière humide ;
— veiller à ce que l'enfant n'ait pas accès à des peintures dégradées, à des papiers peints contenant une feuille de plomb, ou à du plomb laminé (balcons, rebords extérieurs de fenêtres) ; laver ses mains, ses jouets...

En cas de travaux portant sur des revêtements contenant du plomb, prendre des précautions :
— si les travaux sont confiés à une entreprise, lui remettre une copie du constat du risque d'exposition au plomb, afin qu'elle mette en oeuvre les mesures de prévention adéquates ;
— tenir les jeunes enfants éloignés du logement pendant toute la durée des travaux ; avant tout retour d'un enfant après travaux, les locaux doivent avoir été parfaitement nettoyés ;
— si les travaux sont réalisés par le propriétaire lui-même, prendre soin d'éviter la dissémination de poussières contaminées dans tout le logement et éventuellement le voisinage.

Une femme enceinte :
— ne doit jamais réaliser elle-même des travaux portant sur des revêtements contenant du plomb ;
— doit s'éloigner de tous travaux portant sur des revêtements contenant du plomb.

En cas de crainte de risque pour sa santé ou celle de son enfant, en parler à son médecin (généraliste, pédiatre, médecin de protection maternelle et infantile, médecin scolaire) qui prescrira, s'il le juge utile, un dosage de plomb dans le sang (plombémie). Des informations sur la prévention du saturnisme peuvent être obtenues auprès des directions départementales de l'équipement ou des directions départementales des affaires sanitaires et sociales, ou sur les sites internet des ministères chargés de la santé et du logement.

Remarques et conseils

Travaux portant sur des parties communes

Tous travaux portant sur les parties communes d'un immeuble collectif affecté en tout ou partie à l'habitation, construit avant le 1er janvier 1949, pouvant provoquer une altération substantielle des revêtements, doivent être précédés d'un CREP. Sont visés les travaux susceptibles de produire des poussières ou écailles de peinture.

Si le constat établit l'absence de revêtements contenant du plomb ou la présence de revêtements contenant du plomb à des concentrations inférieures aux seuils, il n'y a pas lieu de faire établir un nouveau constat à l'occasion de travaux ultérieurs sur les mêmes parties.

Cette obligation concerne tous les propriétaires et les syndicats de copropriétaires.

• L'absence du CREP au contrat de vente

Si un CREP valide et conforme n'a pas été annexé à la promesse de vente, ou à défaut de promesse, à l'acte authentique de vente, le vendeur ne peut s'exonérer de la garantie des vices cachés correspondante et il engage sa responsabilité pénale pour mise en danger d'autrui de même que s'il omet de donner l'information aux tiers ou de faire les travaux nécessaires.

Le candidat acquéreur doit être particulièrement attentif lors de la lecture des conclusions du CREP. En effet, en cas de CREP mentionnant la présence de plomb dans de fortes quantités, le Préfet peut l'obliger à réaliser des travaux qui nécessiteraient notamment le relogement de son locataire si, après l'avoir acquis, il loue le bien.

En l'absence d'information, l'acquéreur a le choix de demander au vendeur une réduction du prix ou l'annulation de la vente s'il est amené à découvrir la présence de revêtement contenant du plomb. Il dispose pour cela d'un délai de deux ans.

Le plomb dans l'eau

Le repérage du plomb dans l'eau du robinet n'est pas obligatoire. Par mesure de précaution, il peut toutefois être effectué par l'occupant d'un logement ancien. Pour effectuer des analyses, il est recommandé de faire appel à un laboratoire agréé par le ministère chargé de la Santé ou accrédité par le COFRAC (comité français d'accréditation) pour ce type d'analyse. Le coût de l'analyse, à la charge du demandeur, est d'environ 30 euros par échantillon (hors frais de prélèvement).

La valeur limite actuelle a été fixée à 25 µg/L. Elle sera ramenée à 10 µg/L à partir du 25 décembre 2013.

En cas de présence de plomb et afin de limiter tant que faire se peut les risques de contamination, il est recommandé lorsque l'eau a stagné dans les canalisations (par exemple le matin au réveil ou au retour d'une journée de travail) de n'utiliser l'eau froide du robinet pour la boisson ou la préparation des aliments, qu'après une période d'une à deux minutes d'écoulement. Une vaisselle préalable (voire une douche si la salle d'eau est alimentée par la même colonne montante que la cuisine) permet d'éliminer l'eau ayant stagné dans les canalisations sans la gaspiller. Il est également déconseillé d'utiliser l'eau chaude du robinet pour la préparation des denrées alimentaires (café, thé, cuisson des légumes et des pâtes...) dans la mesure où une température élevée favorise la migration des métaux dans l'eau.

Ces recommandations de consommation doivent être particulièrement respectées pour les femmes enceintes et les enfants en bas âge.

Pour résumer

Constat des risques d'exposition au plomb (CREP)

Immeubles concernés	Obligation en cas de vente	Sanctions en cas d'absence de ce document
Parties privatives de tout immeuble ou partie d'immeuble à usage d'habitation construit avant le 1er janvier 1949.	Le CREP doit être annexé à la promesse, ou à défaut de promesse, à l'acte authentique de vente.	Obligation de garantie des vices cachés correspondante.

▶ L'état des risques naturels et technologiques

Huit risques naturels principaux sont prévisibles sur le territoire national : les inondations, les séismes, les éruptions volcaniques, les mouvements de terrain, les avalanches, les feux de forêt, les cyclones et les tempêtes.

Les risques technologiques, d'origine anthropique, sont au nombre de quatre : le risque nucléaire, le risque industriel, le risque de transport de matières dangereuses et le risque de rupture de barrage.

Même si la violence et la fréquence de ces catastrophes sont heureusement plus modérées sur le territoire français que dans d'autres régions du monde, leurs conséquences peuvent être dramatiques. L'actualité nous le rappelle régulièrement.

• En quoi consiste l'état des risques ?

L'état des risques naturels et technologiques informe des risques auxquels le futur propriétaire est soumis. Il vise à permettre une implication plus importante du citoyen comme acteur de la prévention des risques.

L'état des risques doit être communiqué par le vendeur à l'acquéreur lors de la signature de la promesse de vente ou, à défaut de promesse, à l'acte authentique de vente.

• Immeubles concernés

Cette obligation d'information s'applique à tous biens immobiliers bâtis ou non bâtis, quelle que soit leur affectation dans chacune des communes dont la liste est arrêtée par le Préfet du département, pour les biens immobiliers bâtis ou non, situés :

1. dans le périmètre d'exposition aux risques délimité par un plan de prévention des risques technologiques ayant fait l'objet d'une approbation par le Préfet ;
2. dans une zone exposée aux risques délimitée par un plan de prévention des risques naturels prévisibles approuvé par le Préfet ou dont certaines dispositions ont été rendues immédiatement opposables en application du Code de l'environnement (article L. 562-2) ;
3. dans le périmètre mis à l'étude dans le cadre de l'élaboration d'un plan de prévention des risques technologiques ou d'un plan de prévention des risques naturels prévisibles prescrit par le Préfet ;
4. dans une des zones de sismicité Ia, Ib, II ou III mentionnées à l'article 4 du décret du 14 mai 1991.

• Durée de validité de l'état des risques

Il doit être établi depuis moins de 6 mois.

• Contenu de l'état des risques

L'état des risques mentionne la sismicité et les risques naturels ou technologiques pris en compte dans le ou les plans de prévention et auxquels le bien est exposé. Cet état est accompagné des extraits des documents de référence permettant de localiser le bien au regard de ces risques.

Il doit comporter une cartographie permettant de localiser l'immeuble par rapport aux risques pris en compte par le PPR.

Le plan de prévention des risques

Le plan de prévention des risques (PPR) naturels est un document réalisé par l'Etat qui réglemente l'utilisation des sols en fonction des risques naturels auxquels ils sont soumis.

Modèle d'ERNT

Ministère de l'Ecologie et du Développement Durable

Etat des risques naturels et technologiques

en application des articles L 125 - 5 et R 125 - 26 du code de l'environnement

1. Cet état des risques est établi sur la base des informations mises à disposition par arrêté préfectoral

n° du mis à jour le

Situation du bien immobilier (bâti ou non bâti)

2. Adresse commune code postal

3. Situation de l'immeuble au regard d'un ou plusieurs plans de prévention de risques naturels prévisibles [PPRn]

L'immeuble est situé dans le périmètre d'un PPRn **prescrit** **oui** ☐ **non** ☐

L'immeuble est situé dans le périmètre d'un PPRn **appliqué par anticipation** **oui** ☐ **non** ☐

L'immeuble est situé dans le périmètre d'un PPRn **approuvé** **oui** ☐ **non** ☐

Les risques naturels pris en compte sont :

Inondation ☐ **Crue torrentielle** ☐ **Remontée de nappe** ☐

Avalanche ☐ **Mouvement de terrain** ☐ **Sécheresse** ☐

Séisme ☐ **Cyclone** ☐ **Volcan** ☐

Feux de forêt ☐ autre

4. Situation de l'immeuble au regard d'un plan de prévention de risques technologiques [PPRt]

L'immeuble est situé dans le périmètre d'un PPRt **approuvé** **oui** ☐ **non** ☐

L'immeuble est situé dans le périmètre d'un PPRt **prescrit *** **oui** ☐ **non** ☐

* Les risques technologiques pris en compte sont :

Effet thermique ☐ **Effet de surpression** ☐ **Effet toxique** ☐

5. Situation de l'immeuble au regard du zonage réglementaire pour la prise en compte de la sismicité

en application du décret 91-461 du 14 mai 1991 relatif à la prévention du risque sismique , modifié par le décret n°2000-892 du 13 septembre 2000

L'immeuble est situé dans une commune de sismicité zone **Ia** ☐ zone **Ib** ☐ zone **II** ☐ zone **III** ☐ Zone **0** ☐

pièces jointes

6. Localisation

extraits de documents ou de dossiers de référence permettant la localisation de l'immeuble au regard des risques pris en compte

vendeur/bailleur – acquéreur/locataire

7. Vendeur - Bailleur Nom prénom

rayer la mention inutile

8. Acquéreur – Locataire Nom prénom

rayer la mention inutile

9. Date à le

Le présent état des risques naturels et technologiques est fondé sur les informations mises à disposition par le préfet de département. En cas de non respect, l'acquéreur ou le locataire peut poursuivre la résolution du contrat ou demander au juge une diminution du prix. [V de l'article 125-5 du code de l'environnement]

En France, les inondations représentent le risque naturel le plus courant, mais l'action de prévention porte également sur les autres risques que sont notamment les séismes, les mouvements de terrain, les incendies de forêt, les avalanches...

Le PPR permet de prendre en compte l'ensemble de ces risques. Son objet est de cartographier les zones soumises aux risques naturels et d'y définir les règles d'urbanisme, de construction et de gestion qui s'appliqueront au bâti existant et futur.

Il permet également de définir des mesures de prévention, de protection et de sauvegarde à prendre par les particuliers et les collectivités territoriales.

Les PPR concernent plus de 900 communes.

L'arrêté préfectoral

Pour chaque commune concernée, le préfet du département arrête :

— la liste des risques naturels prévisibles et des risques technologiques à prendre en compte ;

— la liste des documents auxquels le vendeur ou le bailleur peut se référer.

L'arrêté préfectoral comporte en annexe, pour chaque commune concernée :

1. un ou plusieurs extraits des documents permettant de délimiter les zones de la commune exposées aux risques pris en compte ;
2. une fiche permettant de préciser la nature et, dans la mesure du possible, l'intensité des risques dans chacune des zones et périmètres délimités par le plan de prévention des risques naturels ou technologiques et dans les zones de sismicité Ia, Ib, II ou III.

Le préfet adresse copie de l'arrêté au maire de chaque commune intéressée et à la chambre départementale des notaires.

L'arrêté est affiché dans les mairies de ces communes et publié au recueil des actes administratifs de l'Etat dans le département.

Un avis de publication de l'arrêté est inséré dans un journal diffusé dans le département.

Les arrêtés sont mis à jour :
— lors de l'entrée en vigueur d'un arrêté préfectoral rendant immédiatement opposables certaines dispositions d'un plan de prévention des risques naturels prévisibles, ou approuvant un plan de prévention des risques naturels prévisibles ou un plan de prévention des risques technologiques, ou approuvant la révision d'un de ces plans ;
— lorsque des informations nouvelles portées à la connaissance du préfet permettent de modifier l'appréciation de la sismicité locale, de la nature ou de l'intensité des risques auxquels se trouve exposée tout ou partie d'une commune faisant l'objet d'un de ces plans.

Remarques et conseils

Où consulter l'arrêté préfectoral et ses annexes ?

L'arrêté et les documents de référence peuvent être consultés en mairie de la commune concernée ainsi qu'à la préfecture ou les sous-préfectures du département où est situé le bien mis en vente ou en location. En outre, la quasi-totalité des sites internet des préfectures permettent la consultation de ces documents.

Qui doit remplir l'état des risques naturels et technologiques ?

L'état des risques peut être établi directement par le vendeur ou le bailleur, le cas échéant avec l'aide d'un professionnel qui intervient dans la vente ou la location du bien ou un conseil : agent immobilier, notaire, expert en diagnostic immobilier, géomètre, architecte, CAUE, ADIL, avocat... En pratique, c'est souvent le professionnel réalisant le DDT au moment de la mise en vente ou en location du bien qui fournit l'état des risques naturels et technologiques.

Remarques et conseils

Comment remplir soi-même l'état des risques ?

Vous pouvez télécharger le formulaire à remplir à l'adresse www.prim.net (qui dépend du Ministère de l'Ecologie et du Développement Durable) ou sur le site de la préfecture du département du lieu de situation du bien immobilier. Il est possible également de retirer le document en se rendant à la Mairie ou à la préfecture ou sous-préfecture concernée.

A l'aide de l'arrêté, il est ensuite aisé de remplir le formulaire : il suffit de reporter les informations contenues dans l'arrêté préfectoral et dans les documents de référence : situation au regard du ou des plans de prévention, nature des risques encourus et sismicité locale.

Le vendeur doit conserver une copie de l'état des risques daté et visé par l'acquéreur pour être en mesure de prouver qu'il a bien été remis lors de la signature du contrat de vente ou du bail dont il est une composante.

• Obligation de déclaration de tout sinistre ayant donné lieu à indemnisation

Le vendeur est tenu parallèlement d'annexer une déclaration sur papier libre informant l'acquéreur de l'obtention d'une éventuelle indemnisation versée, dans le cadre du régime assurantielle spécifique aux catastrophes naturelles ou technologiques à son endroit ou, s'il en a connaissance, à celle des propriétaires précédents. Cette déclaration est annexée au contrat de vente.

• L'absence de l'état des risques au contrat de vente ou de déclaration en cas d'ancien sinistre

L'acquéreur peut demander au juge l'annulation de la vente ou une diminution du montant du prix.

Pour résumer

Etat des risques naturels et technologiques

Immeubles concernés	Obligation en cas de vente	Sanctions en cas d'absence de ce document
Tout bien immobilier bâti ou non, situé dans une zone couverte par un plan de prévention des risques naturels ou technologiques ou zone sismique.	L'ERNT doit être annexé à la promesse de vente ou, à défaut de promesse, à l'acte authentique de vente. Déclaration de tout sinistre ayant donné lieu à indemnisation.	L'acquéreur peut demander au juge l'annulation de la vente ou une diminution du montant du prix.

▶ Le diagnostic de performance énergétique (DPE)

Le secteur du bâtiment constitue la deuxième source de pollution de dioxyde de carbone (CO2) en France, après les transports. Il est responsable de 18% des émissions directes de gaz à effet de serre (22% avec celles du chauffage urbain et celles issues de la production de l'électricité) et 45% des consommations d'énergie finale, soit environ 2 tonnes de CO^2 par habitant et par an.

Alors que certains bâtiments neufs « à énergie positive » peuvent produire plus d'énergie qu'ils n'en consomment et sans aucun dégagement de CO^2, le potentiel d'évolution du secteur reste immense.

Le diagnostic de performance énergétique (DPE) issu d'une directive européenne, a été institué dans cet objectif. Il s'inscrit dans le cadre de la politique énergétique définie au niveau européen afin de réduire la consommation d'énergie des bâtiments et de limiter les émissions de gaz à effet de serre.

• En quoi consiste un diagnostic de performance énergétique ?

Obligatoire depuis le 1er novembre 2006, le diagnostic de performance énergétique (DPE) est une évaluation qui renseigne sur la quantité d'énergie consommée par un bâtiment et évalue sa performance énergétique, ainsi que l'impact de sa consommation en termes d'émissions de gaz à effet de serre. Il se traduit par un document dont le contenu et les modalités d'établissement sont réglementés.

Il doit être annexé à la promesse de vente, ou à défaut de promesse, à l'acte authentique de vente.

Remarques et conseils

Le DPE n'est pas un audit énergétique du bâtiment

Il ne faut pas confondre le DPE avec un audit énergétique qui peut être réalisé par un bureau d'étude ou de conception. L'audit va plus loin que le DPE en analysant le bâtiment afin de détecter ses dysfonctionnements et en hiérarchisant les recommandations possibles. Il permet d'orienter le propriétaire vers les meilleures solutions d'optimisation énergétique avec une anticipation du bilan économique et environnemental de l'opération. Il contient généralement un examen thermographique du bâti. L'audit énergétique ne peut remplacer le DPE comme document d'information pour l'acquéreur.

• Immeubles concernés

La production d'un DPE est obligatoire pour tout bâtiment ou partie de bâtiment clos et couvert objet d'une vente.

En revanche, il n'est pas obligatoire sur les bâtiments suivants :
— une construction provisoire prévue pour une utilisation inférieure ou égale à deux ans ;
— un bâtiment indépendant dont la surface est inférieure à 50 m² (un logement, quelle que soit sa taille, lorsqu'il est situé dans un bâtiment dont la surface est supérieure à 50 m², est cependant soumis au DPE) ;
— certains bâtiments à usage agricole, artisanal ou industriel, autres que le local servant à l'habitation ;
— un monument historique classé ou inscrit à l'inventaire en application du Code du patrimoine ;
— un bâtiment ou partie de bâtiment neuf, dont la température normale est inférieure ou égale à 12°C ;

— un logement à la vente qui ne dispose pas de système de chauffage fixe (même s'il existe un dispositif de production d'eau chaude), ou qui n'a pas d'autre moyen de chauffage qu'une cheminée à foyer ouvert ; en revanche, le DPE est obligatoire pour un logement à la vente pourvu d'un équipement de chauffage de type insert, chaudière, chauffage électrique fixe.

Un diagnostic simplifié a été prévu pour les locations saisonnières lorsque la durée totale d'utilisation du logement dépasse quatre mois par an, que ce soit à titre de location ou pour un autre motif.

En cas de vente d'un logement ou bâtiment tertiaire à construire, le maître d'ouvrage doit établir un DPE lors de la construction d'un bâtiment ou d'une extension de bâtiment lorsque la date de dépôt de la demande de permis de construire est postérieure au 30 juin 2007.

Le diagnostic de performance énergétique n'est pas obligatoire pour l'instant dans les départements d'Outre-mer. Cette situation provisoire devrait durer quelques années. En effet, les méthodes de calcul actuelles ne permettent pas de caractériser les spécificités des DOM (en terme de climat, de type de construction, de mode d'occupation des bâtiments) et des études complémentaires sont nécessaires.

• Durée de validité du DPE

Le DPE doit avoir été établi moins de dix ans avant le jour de la signature de l'acte authentique.

• Contenu du DPE

Le DPE fournit quatre types d'informations :
— une description des principales caractéristiques du bâtiment et de ses équipements thermiques ;

— une estimation de la consommation annuelle d'énergie (en Kwh et en euros) nécessaire aux besoins de chauffage du logement et de consommation d'eau chaude, classée sur une échelle de A à G ;
— la quantité de CO2 émise classée elle-aussi sur une échelle de A à G ;
— des recommandations techniques destinées à améliorer la performance énergétique du bâti accompagnées d'une estimation de leur coût et de leur efficacité.

La lecture du diagnostic de performance énergétique est facilitée par une estimation chiffrée en euros et par l'utilisation de la double étiquette suivante :
— une étiquette pour connaître la consommation d'énergie comme pour l'électroménager et désormais les voitures neuves) ;
— une étiquette pour connaître l'impact de ces consommations sur l'effet de serre.

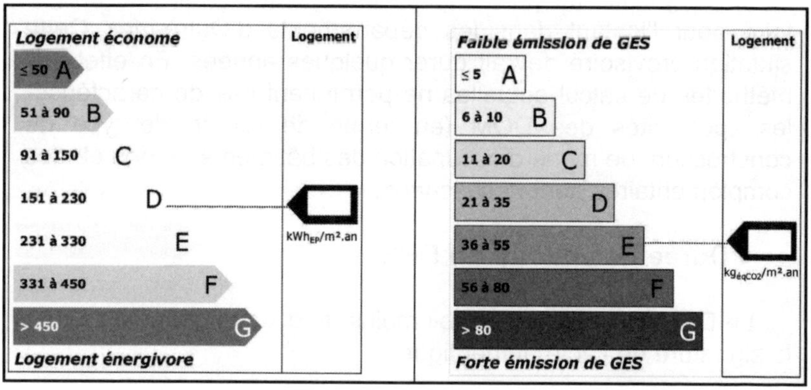

La fourniture de cette étiquette énergie est étendue aux livraisons de bâtiments neufs dont le permis de construire a été déposé après le 1er juillet 2007.

La notation de la performance énergétique et des émissions de gaz à effet de serre des bâtiments souffre d'un manque d'étalonnage et reste extrêmement perfectible. Il convient en effet de ne pas se fier à la notation exprimée de la consommation d'énergie des appareils électroménagers pour laquelle on retrouve des notes de A, voire A+. Un logement récent et très bien isolé peut espérer obtenir B ou C, tandis que les notes pour les logements anciens se situent généralement entre D et G en fonction de leur qualité d'isolation et de leur système de chauffage.

D'autre part, lorsque le DPE concerne une habitation dotée d'un système de chauffage et de production d'eau chaude individuel, il est tenu d'estimer le montant des frais annuel d'énergie selon une utilisation standardisée du bien donc, sans prendre en compte le nombre et les besoins des occupants de l'immeuble au moment du diagnostic. Or, les vendeurs sont souvent surpris par la différence entre leurs consommations réelles et celles indiquées sur le diagnostic.

Il existe deux méthodes différentes de réalisation du DPE en fonction de la nature et de l'affectation du bâtiment vendu : la méthode conventionnelle et la méthode dite « sur factures ».

• La méthode conventionnelle préconise l'évaluation des quantités d'énergies sur la base de consommations estimées (consommation conventionnelle) : elle est utilisée pour les bâtiments à usage d'habitation dotés d'une installation de chauffage individuelle, notamment les maisons individuelles.

• La méthode « sur factures» prévoit l'évaluation des quantités d'énergies sur la base de consommations réelles (sur factures, décomptes de charges ou relevés de comptage). Elle concerne les logements faisant partie d'un ensemble doté d'une installation commune de chauffage collectif ou/et d'eau chaude. Ces quantités sont calculées sur la base de la moyenne des trois derniers exercices approuvés. Si la durée de chauffage est inférieure à trois ans, seules les consommations correspondant aux périodes de 12 mois consécutifs sont retenues. Dans tous les cas, il convient de préciser les circonstances particulières, par exemple, l'absence pendant une période de chauffe.

Les consommations ainsi relevées sont exprimées en unités d'énergies achetées, par exemple en kilowattheures pour l'électricité ou le gaz, en stère pour le bois en vrac, en tonnes pour les granulés de bois, ou en litres pour le fioul domestique, en litres ou en kilogrammes pour le propane et le butane.

Remarques et conseils

Obligation de communication des informations par le syndic

En vue de la réalisation d'un DPE « sur factures », le syndic est tenu de délivrer les informations suivantes au vendeur qui en fait la demande :

— la quantité annuelle d'énergic consommée pour ce bâtiment ou cette partie du bâtiment par le dispositif collectif ;

— le calcul ou les modalités ayant conduit à la détermination de cette quantité à partir de la quantité totale d'énergie consommée par le dispositif collectif ;

— une description des installations collectives de chauffage, de refroidissement ou de production d'eau chaude et de leur mode de gestion.

Elles sont transmises au frais du vendeur.

Modèle de DPE

Diagnostic pour les logements à chauffage individuel

Les consommations sont établies à partir d'un calcul conventionnel

Diagnostic de performance énergétique – logement (6.1)

N° : Valable jusqu'au : Type de bâtiment : Année de construction : Surface habitable : Adresse :	Date : Diagnostiqueur : Signature :
Propriétaire : Nom : Adresse :	**Propriét. des installations communes** (s'il y a lieu) : Nom : Adresse :

Consommations annuelles par énergie

obtenus par la méthode …………., version ……., prix moyens des énergies indexés au

	Consommations en énergies finales	Consommations en énergie primaire	Frais annuels d'énergie
	détail par énergie et par usage en kWh_{EF}	**détail par usage en kWh_{EP}**	
Chauffage	kWh_{EF}	kWh_{EP}	**€ TTC**
Eau chaude sanitaire	kWh_{EF}	kWh_{EP}	**€ TTC**
Refroidissement	kWh_{EF}	kWh_{EP}	**€ TTC**
CONSOMMATIONS D'ÉNERGIE POUR LES USAGES RECENSÉS	kWh_{EF}	kWh_{EP}	**€ TTC**

Consommations énergétiques
(en énergie primaire)
pour le chauffage, la production d'eau chaude sanitaire et le refroidissement

Consommation conventionnelle : $kWh_{EP}/m^2.an$

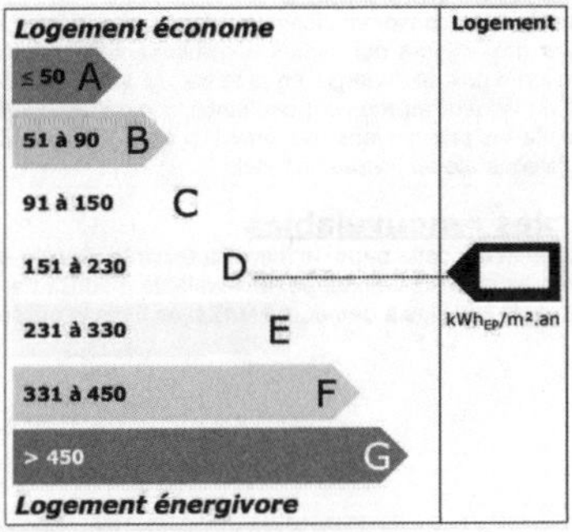

Émissions de gaz à effet de serre (GES) pour le chauffage, la production d'eau chaude sanitaire et le refroidissement

Estimation des émissions : $kg_{éqCO2}/m^2.an$

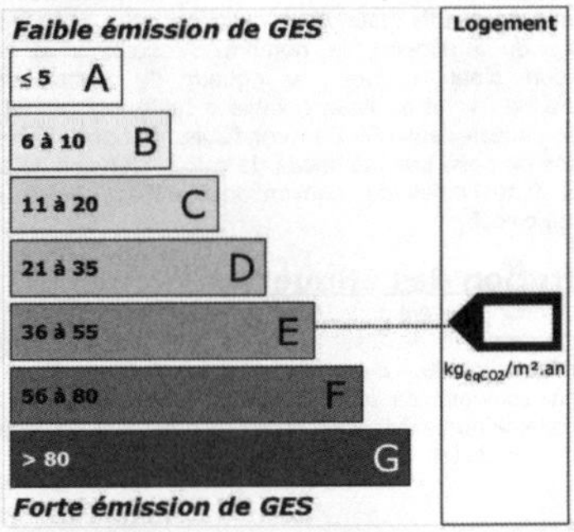

Diagnostic de performance énergétique – logement (6.1)

Descriptif du logement et de ses équipements

Logement	Chauffage	Eau chaude sanitaire
Murs :	**Système :**	**Système :**
Toiture :	**Emetteurs :**	
Menuiseries :	**Inspection > 15 ans :**	
Plancher bas :		
Énergies renouvelables	Quantité d'énergie d'origine renouvelable	**kWh_{EP}/m^2.an**
Type d'équipements présents utilisant des énergies renouvelables :		

Pourquoi un diagnostic

- Pour informer le futur locataire ou acheteur ;
- Pour comparer différents logements entre eux ;
- Pour inciter à effectuer des travaux d'économie d'énergie et contribuer à la réduction des émissions de gaz à effet de serre.

Consommation conventionnelle

Ces consommations sont dites conventionnelles car calculées pour des conditions d'usage fixées (on considère que les occupants les utilisent suivant des conditions standard), et pour des conditions climatiques moyennes du lieu.
Il peut donc apparaître des divergences importantes entre les factures d'énergie que vous payez et la consommation conventionnelle pour plusieurs raisons : suivant la rigueur de l'hiver ou le comportement réellement constaté des occupants, qui peuvent s'écarter fortement de celui choisi dans les conditions standard.

Conditions standard

Les conditions standard portent sur le mode de chauffage (températures de chauffe respectives de jour et de nuit, périodes de vacance du logement), le nombre d'occupants et leur consommation d'eau chaude, la rigueur du climat local (température de l'air et de l'eau potable à l'extérieur, durée et intensité de l'ensoleillement). Ces conditions standard servent d'hypothèses de base aux méthodes de calcul. Certains de ces paramètres font l'objet de conventions unifiées entre les méthodes de calcul.

Constitution des étiquettes

La consommation conventionnelle indiquée sur l'étiquette énergie est obtenue en déduisant de la consommation d'énergie calculée, la consommation d'énergie issue éventuellement d'installations solaires thermiques ou pour le solaire photovoltaïque, la partie d'énergie photovoltaïque utilisée dans la partie privative du lot.

Énergie finale et énergie primaire

L'énergie finale est l'énergie que vous utilisez chez vous (gaz, électricité, fioul domestique, bois, etc.). Pour que vous disposiez de ces énergies, il aura fallu les extraire, les distribuer, les stocker, les produire, et donc dépenser plus d'énergie que celle que vous utilisez en bout de course.
L'énergie primaire est le total de toutes ces énergies consommées.

Usages recensés

Dans les cas où une méthode de calcul est utilisée, elle ne relève pas l'ensemble des consommations d'énergie, mais seulement celles nécessaires pour le chauffage, la production d'eau chaude sanitaire et le refroidissement du logement. Certaines consommations comme l'éclairage, la cuisson ou l'électroménager ne sont pas comptabilisées dans les étiquettes énergie et climat des bâtiments.

Variations des des conventions de calcul et des prix de l'énergie

Le calcul des consommations et des frais d'énergie fait intervenir des valeurs qui varient sensiblement dans le temps. La mention « prix de l'énergie en date du… » indique la date de l'arrêté en vigueur au moment de l'établissement du diagnostic. Elle reflète les prix moyens des énergies que l'Observatoire de l'Énergie constate au niveau national.

Énergies renouvelables

Elles figurent sur cette page de manière séparée. Seules sont estimées les quantités d'énergie renouvelable produite par les équipements installés à demeure et utilisées dans la maison.

Diagnostic de performance énergétique – logement (6.1)

Recommandations d'amélioration énergétique

Sont présentées dans le tableau suivant quelques mesures visant à réduire vos consommations d'énergie.
Les consommations, économies, efforts et retours sur investissement proposés ici sont donnés à titre indicatif et séparément les uns des autres.
Certains coûts d'investissement additionnels éventuels (travaux de finition, etc.) ne sont pas pris en compte.
Ces valeurs devront impérativement être complétées avant réalisation des travaux par des devis d'entreprises.
Enfin, il est à noter que certaines aides fiscales peuvent minimiser les coûts moyens annoncés (subventions, crédit d'impôt, etc.). La TVA est comptée au taux réduit de 5,5%.

Mesures d'amélioration	Nouvelle consommation conventionnelle Kwh/m2	Effort d'investissement	Économies	Rapidité du retour sur investissement	Crédit d'impôt
					%
					%
					%
					%
					%
					%

Légende

Économies	Effort d'investissement	Rapidité du retour sur investissement
☆ : moins de 100 € TTC/an	€ : moins de 200 € TTC	○○○○ : moins de 5ans
☆☆ : de 100 à 200 € TTC/an	€€: de 200 à 1000 € TTC	○○○ : de 5 à 10 ans
☆☆☆ : de 200 à 300 € TTC/an	€€€: de 1000 à 5000 € TTC	○○ : de 10 à 15 ans
☆☆☆☆ : plus de 300 € TTC/an	€€€€: plus de 5000 € TTC	○ : plus de 15 ans

Commentaires :

• Que se passe-t-il si la performance énergétique est mauvaise ?

Il n'est pas prévu d'obligations de travaux. Mais les pouvoirs publics ont prévu un certain nombre d'incitations sous la forme d'aides financières. Si le propriétaire fait remplacer par exemple une ancienne chaudière par un modèle plus récent (ou s'il s'équipe d'un chauffe-eau solaire), il peut bénéficier de différentes aides à la condition que les produits présentent les qualités minimales d'isolation requises.

Des subventions de l'ANAH peuvent être accordées pour les travaux favorisant les économies d'énergie. Elles concernent par exemple l'isolation des parois opaques donnant sur l'extérieur ou sur des locaux non chauffés, isolation des parois vitrées, le calorifugeage, l'équilibrage ou la régulation des installations de chauffage et de production d'eau chaude sanitaire, ou encore l'installation de systèmes utilisant les énergies nouvelles et renouvelables (énergie solaire).

L'agence de l'environnement et de la maîtrise de l'énergie (ADEME) ainsi que certaines régions distribuent, sous conditions, des primes pour l'installation de chauffage et de chauffe-eau solaires. Leur montant peut atteindre 30 à 40% du coût total de l'installation.

Remarques et conseils

Le DPE, outil d'aide à la réalisation de travaux

Les propriétaires peuvent aussi, en dehors d'une vente ou d'une location, faire réaliser un tel diagnostic de performance énergétique pour avoir une expertise d'ensemble de leur bien et bénéficier de recommandations de travaux d'économie d'énergie. La réalisation de ce diagnostic peut notamment s'avérer opportune :

— avant la réalisation de travaux, afin d'aider à déterminer les interventions les plus efficaces à réaliser sur le bâti ;
— et après la réalisation des travaux, afin d'en évaluer l'impact sur la performance énergétique du bien immobilier et de pouvoir valoriser ces travaux lors d'une future vente ou location.

Depuis le 2 janvier 2008, le diagnostic de performance énergétique de certains bâtiments publics doit être affiché dans le hall d'accueil du bâtiment. Le public, le gestionnaire et les occupants peuvent ainsi connaître la performance énergétique du bâtiment et son impact sur l'effet de serre. Les étiquettes énergie et climat des bâtiments publics sont différentes de celles pour les logements. Il en existe trois modèles différents, selon l'activité et l'occupation du bâtiment (bureaux, enseignement, hôpitaux, gymnases, etc).

• L'absence de DPE au contrat de vente

La loi précise que « *l'acquéreur ne peut se prévaloir à l'encontre du propriétaire des informations contenues dans le diagnostic de performance énergétique qui n'a qu'une valeur informative* ». L'acquéreur n'a donc pas de recours possible à l'encontre du propriétaire du bien sur le contenu du DPE.

Toutefois, l'acquéreur a des possibilités d'agir conformément au droit commun. Il peut, s'il estime avoir été délibérément trompé par le vendeur, si celui-ci lui a sciemment caché les résultats défavorables du DPE par exemple, lui demander des dommages et intérêts et même annuler la vente pour vice de consentement.

Enfin, n'oublions pas que l'acquéreur à toujours la possibilité de faire jouer son droit de rétractation: si les informations données par le DPE ne correspondent pas à son attente, il peut, en respectant le formalisme prévu à cet effet, revenir sur son engagement dans le délai de 7 jours à compter de la notification ou de la remise de l'avant-contrat (pour plus d'informations sur le droit de rétractation de l'acquéreur, se reporter au chapitre 3 de l'ouvrage). Cette procédure peut être utile à l'acquéreur s'il n'a pu prendre connaissance des conclusions du diagnostic de performance énergétique avant la signature d'un compromis de vente.

En cas de DPE erroné, le fait que ce diagnostic n'ait qu'une valeur informative, n'empêche pas de rechercher la responsabilité de celui qui l'a établi. L'acquéreur devra démontrer que la faute du professionnel lui a causé un préjudice. C'est le cas de l'erreur manifeste de l'estimation de la note sur la grille ou de préconisations hasardeuses qui l'aura trompé sur les caractéristiques précises du bien acquis et des investissements à prévoir.

Remarques et conseils

La performance énergétique sur les annonces immobilières

Les principaux réseaux et organisations d'agences immobilières ont signé le 19 mai 2008 avec Jean-Louis Borloo, ministre de l'Ecologie, du Développement durable et de l'Aménagement du territoire, une convention élaborée dans le cadre du Grenelle de l'environnement prévoyant que soit affichée la performance énergétique des biens mis en vente ou en location dans les annonces immobilières. La convention prévoit une mise en place de cette pratique par paliers, allant de 10% des annonces affichant le DPE en 2008, à 90% en 2012.

Pour résumer

Diagnostic de performance énergétique (DPE)

Immeubles concernés	Obligation en cas de vente	Sanctions en cas d'absence de ce document
Tout bâtiment ou partie de bâtiment clos et couvert et certaines exceptions.	Le DPE doit être annexé à la promesse de vente ou, à défaut de promesse, à l'acte authentique de vente.	Eventuellement, action de l'acquéreur pour vice de consentement.

▶ L'état mentionnant la présence ou l'absence de matériaux ou produits contenant de l'amiante

Matériau d'origine minérale, l'amiante fut longtemps appréciée pour ses qualités exceptionnelles de résistance au feu, pour sa faible conductivité thermique, acoustique et électrique et pour sa résistance mécanique. Si l'on ajoute à cela son faible coût, on comprend son succès pendant plus de 130 ans et ses nombreuses applications. L'amiante était notamment utilisée dans la fabrication de plaques ondulées, éléments de façade, gaines de ventilation, canalisations, joints, revêtements, garnitures de freins, revêtements routiers...

Pourtant, on le sait depuis plus d'un siècle, les effets de l'amiante sur la santé sont très graves et souvent mortels. Les lésions provoquées, qu'il s'agisse de cancers ou de scléroses du tissu pulmonaire, surviennent après un long temps de latence entre le début de l'exposition à l'amiante et l'apparition de symptômes ou de signes radiologiques. 20 à 40 années sont des délais fréquemment observés. On estime à 3 000 le nombre de décès par an causés par l'amiante.

Jusqu'à la publication du décret du 17 août 1977 relatif aux mesures particulières d'hygiène applicables dans les établissements où le personnel est exposé à l'action des poussières d'amiante, la France a tardé à mettre en œuvre des mesures réglementaires de prévention propres aux dangers de l'amiante. L'utilisation de l'amiante a enfin été totalement interdite en France en 1997. Aucun de ces produits amiantés n'est plus fabriqué ni importé en France depuis cette date. Cependant, il subsiste énormément de matériaux amiantés, en particulier dans les bâtiments et les conséquences dommageables en termes de santé publique vont largement déborder la date de l'interdiction de l'amiante en

France. On chiffre à 100 000 le nombre de décès entre 1995 et 2025 en France (500 000 en Europe) dus à une exposition à l'amiante.

Aujourd'hui, la réglementation, élaborée progressivement, est relativement complexe.

Pour les vendeurs d'immeubles d'habitation, maisons individuelles et parties privatives d'immeubles collectifs, l'obligation d'informer l'acquéreur consiste à annexer au contrat de vente un état mentionnant la présence ou l'absence de matériaux ou produits contenant de l'amiante : l'état préalable à la vente.

Les propriétaires vendeurs des immeubles affectés à l'exercice d'activités commerciales et industrielles notamment, remplissent leur obligation d'information en annexant au contrat de vente, la fiche récapitulative d'un diagnostic technique amiante (DTA) qu'ils sont tenus d'avoir réalisé.

▶ L'état préalable à la vente

Un état mentionnant la présence ou, le cas échéant, l'absence de matériaux ou produits de la construction contenant de l'amiante doit être produit lors de la vente d'un immeuble bâti.

L'état préalable doit être annexé à la promesse de vente, ou à défaut de promesse, à l'acte authentique de vente.

Toutefois, si un DTA a été réalisé, sa fiche récapitulative peut le remplacer.

• Immeubles concernés

L'état préalable à une vente est obligatoire pour tous les immeubles bâtis (maisons individuelles incluses) objets d'une vente, appartenant à des personnes publiques ou privées, dont le permis de construire a été délivré avant le 1er juillet 1997.

• Durée de validité de l'état préalable

La durée de validité de l'état mentionnant la présence ou l'absence de matériaux ou produits contenant de l'amiante est illimitée.

• Contenu de l'état préalable

L'état préalable doit indiquer la localisation et l'état de conservation des matériaux et produits.

L'annexe 13-9 du Code de la santé publique liste les matériaux et produits qui doivent être examinés par l'opérateur de repérage.

Composant de la construction	Partie du composant à vérifier ou à sonder
1. Parois verticales intérieures et enduits	
Murs et poteaux	Flocages, enduits projetés, revêtements durs des murs (plaques menuiserie, amiante-ciment) et entourage de poteaux (carton, amiante-ciment, matériau sandwich, carton + plâtre)
Cloisons, gaines et coffres verticaux	Flocages, enduits projetés, panneaux de cloison
2. Planchers, plafonds et faux-plafonds	
Plafonds, gaines et coffres verticaux, poutres et charpentes	Flocages, enduits projetés, panneaux collés ou vissés
Faux-plafonds	Panneaux
Planchers	Dalles de sol

3. Conduits, canalisations et équipements

Conduits de fluide (air, eau, autres fluides)	Conduits, calorifuges, enveloppes de calorifuges.
Clapets/volets coupe-feu	Clapets, volets, rebouchage.
Portes coupe-feu	Joints (tresses, bandes).
Vide-ordures	Conduits.

4. Ascenseur, monte-charge

Trémies	Flocages.

▶ Le dossier technique amiante (DTA)

Les propriétaires de certains bâtiments (notamment de bureaux) doivent faire constituer et tenir à jour un dossier technique amiante (DTA) destiné à être mis à la disposition des occupants et des artisans ou sociétés y effectuant des travaux. Sa fiche récapitulative est le document à annexer à la promesse de vente, ou à défaut de promesse, à l'acte authentique de vente.

• Immeubles concernés

La constitution d'un diagnostic technique amiante et son actualisation est obligatoire pour tous les bâtiments dont le permis de construire a été délivré avant le 1er juillet 1997, à l'exception des maisons individuelles et des parties privatives des immeubles à usage d'habitation. Sont donc concernés :

— les immeubles de bureaux ;
— les immeubles de grande hauteur ;
— les établissements recevant du public ;
— les immeubles destinés à l'exercice d'une activité industrielle ou agricole ;
— les locaux de travail.

Remarques et conseils

Tous les DTA ne sont pas encore réalisés

La loi prévoyait que certains DTA devaient être réalisés au plus tard le 31 décembre 2003 et les autres, le 31 décembre 2005.

Or, dans les faits, un grand nombre de DTA ne sont pas encore effectués. Pourtant l'obligation des propriétaires concernés demeure. Vous êtes donc en droit de demander au syndic (voire même le mettre en demeure) de missionner un expert en diagnostic immobilier en vue de le réaliser.

• Durée de validité du DTA

La loi ne prévoit pas de durée de validité.

• Contenu du DTA

Le dossier technique amiante regroupe l'ensemble des informations relatives aux matériaux contenant de l'amiante (localisation, signalisation, état de conservation) et décrit les consignes générales de sécurité (procédures d'intervention, y compris les procédures de gestion et d'élimination des déchets).

Le contenu du DTA est constitué par :
— la localisation précise des matériaux et produits contenant de l'amiante ainsi que, le cas échéant leur signalisation ;
— l'enregistrement de l'état de conservation de ces matériaux et produits ;
— l'enregistrement des travaux de retrait ou de confinement de ces matériaux et produits et des mesures conservatoires mises en œuvre ;

— les consignes générales de sécurité à l'égard de ces matériaux et produits, notamment les procédures d'intervention, y compris celles de gestion et d'élimination des déchets ;
— une fiche récapitulative.

Les matériaux et produits à repérer sont les mêmes que ceux concernés par l'état préalable.

La fiche récapitulative du DTA

La fiche récapitulative du DTA, si celui-ci a été réalisé, est le document qui doit être annexé au contrat de vente. Elle mentionne les informations suivantes :

— sa date de rédaction ainsi que, le cas échéant, celles de ses mises à jour ;
— l'identification de l'immeuble pour lequel le DTA est constitué ;
— les coordonnées de la personne qui détient le DTA ;
— les modalités de consultation du DTA ;
— la liste des locaux ayant donné lieu au repérage des matériaux et produits ;
— la liste des locaux ayant donné lieu au repérage et à l'évaluation de l'état de conservation des flocages, calorifugeages et faux plafonds ;
— la liste des matériaux et produits contenant de l'amiante et leur localisation précise ;
— l'état de conservation des flocages, calorifugeages et faux plafonds, évalué conformément aux prescriptions de l'article 3 du décret susvisé ;
— le cas échéant, l'état de conservation des autres produits et matériaux contenant de l'amiante ;
— les mesures préconisées par l'opérateur de repérage lorsque des matériaux ou produits dégradés ont été repérés ;
— les consignes générales de sécurité ;
— les travaux qui ont été réalisés pour retirer ou confiner des matériaux ou produits contenant de l'amiante.

En l'absence de réalisation d'un DTA, la loi prévoit que le propriétaire peut être puni d'une contravention de 5ème classe (soit jusqu'à 1 500 euros, montant multiplié par cinq pour les personnes morales) s'il ne fait pas établir et actualiser un DTA.

Remarques et conseils

La cession d'un immeuble collectif entier

L'acquéreur d'un immeuble collectif entier concerné par l'obligation de réaliser un DTA doit s'assurer avant d'acheter que le dossier a été établi et actualisé et que ses éventuelles prescriptions notamment concernant les travaux, ont été respectées. Après le transfert de propriété, c'est en effet lui qui pourra être sanctionné pénalement en cas de manquement à ces obligations.

• L'absence de l'état préalable (ou de la fiche récapitulative du DTA) au contrat de vente

Dans l'hypothèse où un état préalable valide et conforme (ou le cas échéant, la fiche récapitulative du DTA) n'a pas été annexé à la promesse de vente, ou à défaut de promesse, à l'acte authentique de vente, le vendeur ne peut bénéficier de l'exonération de la garantie des vices cachés correspondante. L'acquéreur peut demander une déduction du prix ou l'annulation de la vente dans un délai de deux ans à compter de la découverte d'une présence d'amiante.

D'autre part, le vendeur engage sa responsabilité pénale sur le fondement de la mise en danger d'autrui.

L'obligation de recherche d'amiante préalablement à la démolition d'un immeuble

Les propriétaires d'immeubles bâtis doivent procéder à une recherche exhaustive d'amiante avant toute opération de démolition de leur immeuble.

Il s'agit de protéger l'environnement et les riverains des chantiers de démolition contre l'émission inopinée de fibres dans l'air, mais également de permettre une meilleure gestion des déchets. L'obligation concerne tous les types d'immeubles bâtis dont le permis de construire a été délivré avant le 1er juillet 1997, y compris les maisons individuelles et les appartements.

Pour une personne physique qui n'aurait pas satisfait à l'obligation d'effectuer un repérage avant la démolition d'un immeuble, l'amende est une contravention relevant de la 5ème classe soit 1 500 euros.

Consignes générales de sécurité en présence d'amiante

Les matériaux contenant de l'amiante peuvent libérer des fibres d'amiante en cas d'usure anormale ou lors d'interventions mettant en cause l'intégrité du matériau (par exemple perçage, ponçage, découpe, friction...). Ces situations peuvent alors conduire à des expositions importantes si des mesures de protection renforcées ne sont pas prises.

Il est recommandé aux particuliers d'éviter toute intervention directe sur des matériaux friables contenant de l'amiante (flocages, calorifugeages, cartons d'amiante, éléments en amiante tissés ou tressés, mousse isolante de calfeutrement...) et d'avoir recours, dans de telles situations, à des professionnels.

Lors d'interventions sur (ou à proximité) des matériaux contenant de l'amiante, il convient d'éviter au maximum l'émission de poussières pour vous et votre voisinage. L'émission de poussières doit être limitée, par exemple en cas de :

— manipulation et manutention de matériaux non friables contenant de l'amiante (comme le remplacement de joints ou encore la manutention d'éléments en amiante-ciment) ;

— travaux réalisés à proximité d'un matériau friable en bon état (flocage ou calorifugeage), comme par exemple le déplacement de quelques éléments de faux plafonds sans amiante sous une dalle floquée, d'interventions légères dans des boîtiers électriques, sur des gaines ou des circuits situés sous un flocage sans action directe sur celui-ci, de remplacement d'une vanne sur une canalisation calorifugée à l'amiante ;

— travaux directs sur un matériau compact (amiante-ciment, enduits, joints, dalles...), comme le perçage ou encore la découpe d'éléments en amiante-ciment ;

— déplacement local d'éléments d'un faux plafond rigide contenant du carton d'amiante avec des parements.

L'émission de poussières peut être limitée :

— par humidification locale des matériaux contenant de l'amiante (en tenant compte du risque électrique), afin d'abaisser le taux d'émission de poussière ;

— en utilisant de préférence des outils manuels ou des outils à vitesse lente.

Le port d'équipements de protection est recommandé.

Des demi-masques filtrants (type FFP 3 conformes à la norme européenne EN 149) permettent de réduire l'inhalation de fibres d'amiante. Ces masques doivent être jetés après utilisation.

Le port d'une combinaison jetable permet d'éviter la propagation de fibres d'amiante en dehors de la zone de travail. Les combinaisons doivent être jetées à la fin de chaque utilisation.

De plus, il convient de disposer d'un sac à déchets à proximité immédiate de la zone de travail et d'une éponge ou d'un chiffon humide de nettoyage.

Remarques et conseils

**Le diagnostic des flocages,
calorifugeages et faux-plafonds**

Les propriétaires privés ou publics de la plupart des immeubles bâtis dont le permis de construire a été délivré avant le 1er juillet 1997, à la seule exception des maisons individuelles, ont l'obligation de rechercher la présence d'amiante dans les éléments suivants :

— les flocages dans les immeubles dont le permis de construire a été délivré avant le 1er janvier 1980 ;

— les calorifugeages dans les immeubles dont le permis de construire a été délivré avant le 29 juillet 1996 ;

— les faux-plafonds dans les immeubles dont le permis de construire a été délivré avant le 1er juillet 1997.

En fonction de la présence d'amiante et de son état de conservation, le propriétaire peut être tenu de faire réaliser une vérification du niveau d'empoussièrement ou des travaux de retrait ou de confinement.

Le propriétaire encourt des peines d'amende de cinquième classe (1 500 euros) s'il n'a pas fait établir le dossier technique ou si les travaux éventuellement n'ont pas été réalisés, de troisième classe (450 euros) si les contrôles visuels ou les mesures d'empoussièrement n'ont pas été réalisés à la suite des travaux.

Exemple de DTA

RAPPORT DE MISSION DE REPERAGE DES MATERIAUX ET PRODUITS CONTENANT DE L'AMIANTE POUR L'ETABLISSEMENT DU CONSTAT ETABLI A L'OCCASION DE LA VENTE D'UN IMMEUBLE BATI

Ce rapport comporte 3 pages. Annexes :

OBJET DE LA MISSION :

La présente mission consiste à établir le constat de repérage des matériaux et produits contenant de l'amiante en vue de la vente d'un immeuble bâti en référence à l'article R 1334-24 du Code de la Santé Publique relatif à la protection de la population contre les risques sanitaires liés à une exposition à l'amiante dans les immeubles bâtis.

DONNEUR D'ORDRE :

IMMEUBLE BATI VISITE : Adresse :

Description :

Propriétaire :

CONSTAT ETABLI PAR :

En conformité avec la norme NFX 46-020 « Repérage des matériaux et produits contenant de l'amiante dans les immeubles bâtis » et avec les exigences du Code de la Santé Publique.

ANALYSE(S) EFFECTUEE(S) PAR : Nom du laboratoire
Adresse

En conformité avec le programme 144 du COFRAC (n° d'accréditation *: XXXXX*)

AVERTISSEMENT :

L'attention du propriétaire est attirée sur le fait que la recherche des matériaux et produits contenant de l'amiante s'applique aux seuls matériaux et produits des composants de la construction directement visibles et accessibles sans investigation destructive (cf annexe 13-9 de la première partie réglementaire du Code de la Santé Publique).

La responsabilité de l'opérateur de repérage ne pourrait être mise en cause en cas de présence d'amiante :

- Dans des zones inaccessibles,
- Dans des zones connues du représentant du donneur d'ordre mais non mentionnées par lui,
- Dans des zones non indiquées sur les documents relatifs à l'immeuble visité,
- Dans des zones accessibles uniquement après démontage.

Les résultats de la présente mission ne peuvent être utilisés comme un repérage préalable à la réalisation de travaux.

SOMMAIRE

1 – CONCLUSIONS DU RAPPORT

Cette conclusion fait suite à des analyses en laboratoire et à la connaissance des produits par l'opérateur d
repérage.

LISTE DES MATERIAUX ET PRODUITS CONTENANT DE L'AMIANTE :

Sur décision de l'opérateur de repérage :

N° Matériau ou Produit	Description	Localisation	Etat de conservation

Après analyse en laboratoire :

N° Matériau ou Produit	Description	Localisation	Etat de conservation

LISTE DES MATERIAUX ET PRODUITS NE CONTENANT PAS D'AMIANTE APRES ANALYSE :

N° Matériau ou Produit	Description	Localisation

LISTE DES MATERIAUX ET PRODUITS SUSCEPTIBLES DE CONTENIR DE L'AMIANTE POUR LESQUELS DE INVESTIGATIONS ET DES ANALYSES ULTERIEURES DOIVENT ETRE EFFECTUEES.

N° Matériau ou Produit	Description	Localisation	Cause de non prélèvement

MESURES D'ORDRE GENERAL – OBLIGATIONS REGLEMENTAIRES

A partir des conclusions formulées, vous pouvez être confronté à une ou plusieurs des situations suivantes :

- **Il a été repéré des flocages, calorifugeages, faux plafonds contenant de l'amiante. L'immeuble n'est pas un immeuble à usage d'habitation comportant un seul logement**

En fonction du résultat du repérage obtenu à partir de la grille d'évaluation, les propriétaires procèdent :
- Soit à un contrôle périodique de l'état de conservation de ces matériaux et produits (Score 1)
- Soit à des mesures d'empoussièrement (Score 2). Ces mesures sont effectuées par des organismes agréés selon des modalités et conditions définies par arrêté du ministre chargé de la santé.
- Soit à des mesures conservatoires suivies de travaux (Score 3)

Si le niveau d'empoussièrement est inférieur ou égal à la valeur de 5 fibres/litre, les propriétaires procèdent à un contrôle périodique de l'état de conservation des matériaux et produits dans un délai maximal de trois ans à compter de la date à laquelle leur sont remis les résultats du contrôle ou à l'occasion de toute modification substantielle de l'ouvrage ou de son usage.

Si le niveau d'empoussièrement est supérieur à 5 fibres/litre, les propriétaires procèdent à des travaux de confinement ou de retrait de l'amiante, qui doivent être achevés dans un délai de trente-six mois à compter de la date à laquelle leur sont remis les résultats du contrôle. Pendant la période précédant les travaux, des mesures conservatoires appropriées doivent être mises en œuvre afin de réduire l'exposition des occupants et de la maintenir au niveau le plus bas possible, et dans tout état de cause à un niveau d'empoussièrement inférieur à 5 fibres/litre. Les mesures conservatoires ne doivent conduire à aucune sollicitation des matériaux et produits concernés par les travaux.

En cas de travaux nécessitant un enlèvement des matériaux et produits contenant de l'amiante, ceux-ci devront être transportés et éliminés conformément aux dispositions des lois du 15 juillet 1975 et du 19 juillet 1976.

A l'issue des travaux et avant toute restitution des locaux traités, le propriétaire fait procéder à un examen visuel, par un contrôleur technique ou un technicien de la construction, de l'état des surfaces traitées et à une mesure du niveau d'empoussièrement après démantèlement du dispositif de confinement. Ce niveau doit être inférieur ou égal à 5 fibres/litre. Si les travaux ne conduisent pas au retrait total des flocages, calorifugeages et faux plafonds, les propriétaires procèdent à un contrôle périodique de l'état de conservation de ces matériaux et produits résiduels dans un délai maximal de trois ans à compter de la date à laquelle leur sont remis les résultats du contrôle ou à l'occasion de toute modification substantielle de l'ouvrage ou de son usage.

- **Il a été repéré des matériaux et produits contenant de l'amiante.**

Respirer des fibres d'amiante est dangereux pour la santé. L'inhalation de ces fibres est une cause de pathologies graves (dont les cancers du poumon et de la plèvre).
Les matériaux contenant de l'amiante peuvent libérer des fibres d'amiante en cas d'usure anormale ou lors d'interventions mettant en cause l'intégrité du matériau (par exemple : perçage, ponçage, découpe, friction…).
Ces situations peuvent alors conduire à des expositions importantes si des mesures de protection renforcées ne sont pas prises.
Il est recommandé aux particuliers d'éviter toute intervention directe sur des matériaux friables contenant de l'amiante (flocages, calorifugeages, cartons d'amiante, éléments en amiante tissé ou tressé, mousse isolante de calfeutrement…) et d'avoir recours, dans de telles situations, à des professionnels.

Lors d'interventions sur (ou à proximité) des matériaux contenant de l'amiante, il convient d'éviter au maximum l'émission de poussières pour vous et votre voisinage.

L'émission de poussières doit être limitée, par exemple en cas de :

- Manipulation et manutention de matériaux non friables contenant de l'amiante (comme le remplacement de joints ou encore la manutention d'éléments en amiante-ciment).
- Travaux réalisés à proximité d'un matériau friable en bon état (flocage ou calorifugeage), comme par exemple le déplacement de quelques éléments de faux plafonds sans amiante sous une dalle floquée, d'interventions légères dans des boîtiers électriques, sur des gaines ou des circuits situés sous flocage sans action directe sur celui-ci, de remplacement d'une vanne sur une canalisation calorifugée à l'amiante.
- Travaux directs sur un matériau compact (amiante-ciment, enduits, joints, dalles…), comme le perçage ou encore la découpe d'éléments en amiante-ciment.
- Déplacement local d'éléments d'un faux plafond rigide contenant du carton d'amiante avec des parements.

L'émission de poussières peut être limitée :

- par humidification locale des matériaux contenant de l'amiante (en tenant compte du risque électrique), afin d'abaiss le taux d'émission de poussière ;
- en utilisant de préférence des outils manuels ou à vitesse lente.

Le port d'équipements de protection est recommandé :

- Des demi-masques filtrants (type FFP3 conformes à la norme EN 149) permettent de réduire l'inhalation de fibre d'amiante. Ces masques doivent être jetés après utilisation.
- Le port d'une combinaison jetable permet d'éviter la propagation de fibres d'amiante en dehors de la zone de travai Les combinaisons doivent être jetées à la fin de chaque utilisation.
- De plus, il convient de disposer d'un sac à déchets à proximité immédiate de la zone de travail et d'une éponge ou d'u chiffon humide de nettoyage.

○ Il a été repéré des matériaux et produits contenant de l'amiante présentant un état de dégradation.

N° Matériau ou Produit	Description	Localisation	Etat de conservation

Commentaires :

2 – REALISATION DU REPERAGE

ATE DU REPERAGE :

OCUMENTS REMIS PAR LE DONNEUR D'ORDRE A L'OPERATEUR DE REPERAGE :

EPRESENTANT DU PROPRIETAIRE (ACCOMPAGNATEUR) :

ISTE DES PIECES VISITEES :

IECES OU PARTIES DE L'IMMEUBLE NON VISITEES :

'ièces ou parties d'immeuble	Raison de l'absence de visite

METHODOLOGIE DU REPERAGE DES MATERIAUX ET PRODUITS CONTENANT DE L'AMIANTE :

L'opérateur de repérage procède à un examen visuel des ouvrages en vue de rechercher puis de recenser identifier les matériaux ou produits susceptibles de contenir de l'amiante (matériau ou produit ayant intég de l'amiante pendant certaines périodes de leur fabrication) entrant dans le cadre de la présente mission.

L'inspection visuelle peut être complétée par des sondages qui permettent de s'assurer de la compositic interne d'un ouvrage ou d'un volume.

L'inspection visuelle et les sondages sont réalisés selon les prescriptions décrites à l'annexe A de la Norn NF X 46 020.

A l'issue de cette inspection sont recensés les matériaux ou produits susceptibles de contenir de l'amiante.

En fonction de sa connaissance, de son expérience et du type de matériau ou produit (annexe A de la Norn NF X 46 020), l'opérateur de repérage peut conclure à la présence d'amiante sans recourir aux prélèvemen et analyses.

En cas de doute sur la présence d'amiante (absence d'informations documentaires, produits non identifiés un ou des prélèvements pour analyses sont réalisés sur les matériaux et ou produits susceptibles de conten de l'amiante pour conclure à l'absence ou à la présence d'amiante.

Les prélèvements concernent tout ou une partie de l'épaisseur des matériaux conformément au prescriptions de l'annexe A de la norme NF X 46-020.

Conformément aux prescriptions de l'annexe B de la norme NF X 46-020 :

- les prélèvements sont réalisés dans des conditions conduisant à une pollution minimale des lieux.
- pour éviter tout risque de contamination croisée :
    - les outils sont à usage unique ou sont soigneusement nettoyés entre chaque prélèvement.
    - les prélèvements sont conditionnés individuellement en double emballage étanche.
- pour assurer une parfaite traçabilité des échantillons prélevés, l'identification est portée de maniè indélébile sur l'emballage et si possible sur l'échantillon. Une fiche d'accompagnement, reprena l'identification est transmise au laboratoire.

PLANS / CROQUIS :

Sont précisées sur le plan ou croquis les informations suivantes :

- La localisation des éventuels sondages complémentaires à l'inspection visuelle
- La localisation des prélèvements
- La localisation des matériaux et produits contenant de l'amiante ou susceptibles d'en contenir si de investigations et des analyses ultérieures doivent être effectuées pour conclure.
  Leur état de conservation est précisé.

3 – RESULTATS DETAILLES DU REPERAGE

LOCALISATION	INSPECTION			MATERIAUX OU PRODUITS SUSCEPTIBLES DE CONTENIR DE L'AMIANTE				
	COMPOSANT DE LA CONSTRUCTION (CATEGORIE)	PARTIE(S) DU CCMPOSANT INSPECTE	SONDAGE N° (TYPE)	N°	DESCRIPTION	PRELEVEMENT	CONCLUSION PRESENCE / ABSENCE D'AMIANTE	CONCLUSION ETAT DE CONSERVATION
%tableau_repérage%								

Notes :

Fait à

Le

Signature du technicien

Pour résumer

Etat mentionnant la présence ou l'absence de matériaux ou produits contenant de l'amiante

Immeubles concernés	Obligation en cas de vente	Sanctions en cas d'absence de ce document
Tout immeuble bâti objet d'une vente dont le permis de construire a été délivré avant le 1er juillet 1997	L'état préalable (ou la fiche récapitulative du DTA) doit être annexé à la promesse de vente ou, à défaut de promesse, à l'acte authentique de vente.	Obligation de garantie des vices cachés correspondante

▶ L'état relatif à la présence de termites

Les termites sont des insectes sociaux qui vivent en colonies. Leur organisation, leurs capacités à dégrader les bois et les matériaux contenant de la cellulose en font des ennemis redoutables pour les bâtiments.

Ils pénètrent dans la maison par le sol et prennent possession des lieux en rongeant depuis l'intérieur les matériaux de construction. Ils provoquent un affaiblissement structurel du solivage ou de la charpente et causent des effondrements d'équipements (parquets, plafonds, chambranles).

Ils peuvent dégrader tous les objets constitués de cellulose (meubles, poutres, papiers, livres...). Lorsqu'ils recherchent leur nourriture, ils endommagent parfois les matériaux tendres qui se trouvent sur leur chemin (plâtre, isolants, papiers peints).

Leur présence peut être détectée par l'apparition de galeries terreuses (les cordonnets) à la surface des murs, du bois ou du sol qu'ils fabriquent au fur et à mesure de leur progression afin de les abriter de l'air.

En cas de vente d'un immeuble situé dans une zone délimitée par le préfet, la loi impose au vendeur de remettre à l'acquéreur un état relatif à la présence de termites. Il est aussi prévu une obligation de recherche par les propriétaires dans le cadre d'arrêté pris par les maires.

D'autre part, les termites ne sont pas les seuls insectes xylophages dangereux pour les bâtiments. Il en existe bien d'autres dont notamment les capricornes des maisons, les vrillettes ou les lyctus. Les champignons lignivores (dont le mérule) peuvent également être un véritable fléau pour les charpentes et les boiseries. Si l'établissement d'un état parasitaire n'est pas obligatoire, le vendeur n'est pas exempté d'informer l'acquéreur de la présence de ces autres parasites.

• En quoi consiste l’état relatif à la présence de termites ?

L’état relatif à la présence de termites vise à informer l’acquéreur de la présence de termites dans l’ensemble du bâtiment objet de la vente. Il doit être annexé à la promesse de vente, ou à défaut de promesse, à l’acte authentique de vente.

• Immeubles concernés

Tous les immeubles bâtis, quelle que soit leur affectation, situés dans une zone délimitée par arrêté préfectoral.

Les arrêtés préfectoraux

Lorsque des foyers de termites sont identifiés dans une ou plusieurs communes, un arrêté préfectoral délimite les zones contaminées ou susceptibles de l'être à court terme.

L'arrêté préfectoral est pris sur proposition ou après consultation des conseils municipaux intéressés, en tenant compte des informations des déclarations d'infection faites en mairie.

Il est affiché pendant trois mois dans les mairies des zones concernées.

• Durée de validité de l’état

L’état à une validité de 6 mois.

• Contenu de l’état

L’état relatif à la présence de termites identifie notamment les parties d’immeubles infestées ou ayant été infestées par les termites et ceux qui ne le sont pas. Il comporte également l’identification des parties d’immeubles qui n’ont pas été visitées et les moyens d’identification utilisés.

Remarques et conseils

Quels départements sont concernés ?

Pour savoir si votre département est concerné, une carte de France d'infestation par département est consultable. Voici ci-dessous la plus récente, mais les zones d'infestation évoluant régulièrement, de nouveaux arrêtés préfectoraux sont susceptibles d'être publiés à tout moment. Il convient donc tout de même de vous renseigner à votre mairie ou à la préfecture de votre département.

Carte des départements infestés

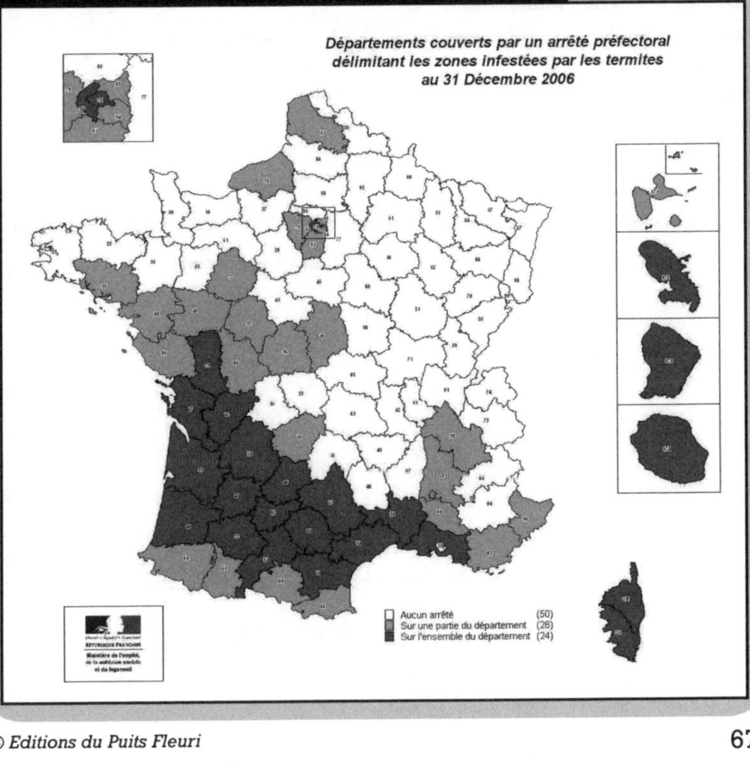

Modèle d'état parasitaire relatif à la présence de termites

Liberté • Égalité • Fraternité
RÉPUBLIQUE FRANÇAISE

ministère de l'Équipement des Transports et du Logement

DÉCLARATION EN MAIRIE DE LA PRÉSENCE DE TERMITES DANS UN IMMEUBLE

(ART. 2 DE LA LOI N° 99-471 DU 8 JUIN 1999)

1/1
cerfa
N° 12010*01

N° d'enregistrement: ....

A. - Identification du déclarant

Nom : Prénom :

Adresse *(N°, nom de la rue, de la voie, lieu-dit)* : |_|_|_|

Code postal : |_|_|_|_|_| Commune :

Qualité du déclarant (sur déclaration de l'intéressé) [(1)]:

❑ Propriétaire de l'immeuble

❑ Occupant de l'immeuble (locataire)

❑ Personne représentant le syndicat des copropriétaires

B. - Identification de l'immeuble

Nature de l'immeuble [(1)] ❑ Immeuble bâti ❑ Immeuble non bâti

Situation de l'immeuble

Département : |_|_|_| Commune :

Adresse *(N°, nom de la rue, de la voie, lieu-dit)* : |_|_|_|

N° d'étage : |_|_|_|

Section cadastrale : N° de parcelle(s), de lot(s) :

C. - Le soussigné déclare la présence de termites dans l'immeuble désigné ci-dessus au vu [(1)]:

❑ d'un constat d'état parasitaire [(2)]:

❑ des indices suivants [(3)]:

(1) Cocher la case correspondante et préciser le cas échéant.

(2) Indiquer les conclusions et résultats du diagnostic d'infestation.
Lorsque le déclarant dispose d'un état parasitaire (pièce établie conformément à l'arrêté du 10 août 2000) cette pièce peut être jointe à la présente déclaration (article 1er du décret n° 2000-613 du 3 juillet 2000).

(3) Préciser les indices révélateurs de la présence de termites dans l'immeuble considéré (dégâts relevés, photographies le cas échéant ....).

La loi n° 78-17 du 6 janvier 1978 relative à l'informatique, aux fichiers et aux libertés, s'applique aux traitements effectués pour la collecte, l'enregistrement et la conservation des informations nominatives. Elle garantit aux personnes un droit d'accès et de rectification des données les concernant (article 27).

Fait à

Le |_|_||_|_||_|_|_|_|

Signature du déclarant

• Que se passe-t-il en cas de présence de termites ?

Si les termites ont investi le bâtiment, la déclaration en mairie est obligatoire et le traitement est nécessaire.

Tout habitant (occupant) d'un immeuble contaminé, ou à défaut le propriétaire, est tenu d'en faire la déclaration en mairie dans le mois des constatations. La déclaration doit préciser l'identification de l'immeuble et faire état des indices qui révèlent la présence de termites. Elle peut à cette fin être accompagnée d'un état relatif à la présence de termites et doit être envoyée par courrier recommandé avec avis de réception. Le fait de ne pas effectuer cette déclaration en mairie est passible d'une amende de 450 euros (contravention de 3ème classe).

Il convient ensuite de se rapprocher d'un professionnel spécialisé dans le traitement contre les termites. Il est possible de s'informer auprès des organisations professionnelles de son département. Certaines entreprises, spécialisées dans le traitement contre les termites sont titulaires d'une certification de qualité délivrée par le Centre technique du bois et de l'ameublement (CTBA) sous le contrôle du Comité français d'accréditation (COFRAC). A noter que, pour des raisons évidentes d'impartialité, la loi interdit à l'opérateur de diagnostic de recommander à ses clients une entreprise de traitement (voir Partie 2 de l'ouvrage).

Selon l'état d'infestation du bâtiment, ces traitements peuvent requérir des interventions lourdes affectant l'ensemble du bâti avec parfois dépose d'équipements ou démolition d'ouvrages. En cas de démolition totale ou partielle d'un bâtiment situé dans une zone contaminée ou susceptible de l'être, les personnes qui procèdent à ces opérations doivent soit incinérer sur place les bois et matériaux, soit, si l'incinération sur place n'est pas possible, les traiter avant tout transport en vue de leur incinération. La personne qui procède à ces opérations doit en faire la déclaration à la mairie de la commune du lieu de situation de l'immeuble par lettre recommandée avec avis de réception. Des sanctions pénales sont prévues en cas de manquement à ces deux obligations.

nancières

iste des aides financières pour lutter contre les termites. ord, tous travaux préventifs ou curatifs, s'ils sont réalisés par u. entreprise agréée, bénéficient d'avantages fiscaux : TVA réduite à 5,5% et abattement fiscal jusqu'à 20% du montant des travaux. On peut y associer une subvention de l'Agence nationale pour l'amélioration de l'habitat (ANAH) qui peut atteindre jusqu'à 70% des travaux.

Remarques et conseils

La recherche de la présence de termites dans les parties communes des immeubles

Elle n'est pas aujourd'hui imposée par la loi. Seule une obligation de déclaration en Mairie pèse sur le syndic ou les occupants des logements. Si le vendeur a connaissance d'infestation de termites dans les parties communes, il doit en informer les prétendants acquéreurs.

Si vous envisagez d'acquérir un bien en copropriété dans une zone d'infestation, rapprochez-vous du syndic pour vous assurer que les parties communes n'aient pas été infestées par le passé.

Toutefois, lorsque le bien est situé dans une zone contaminée, il paraît prudent de s'enquérir de l'existence d'ancienne infestation, de traitement en cours ou prévu ou d'une déclaration en Mairie.

Les autres obligations des propriétaires concernant les termites

Dans les secteurs de lutte délimités par le conseil municipal, tout propriétaire doit faire rechercher les termites et effectuer les travaux nécessaires lorsque le maire a pris un arrêté le demandant. Dans un délai de six mois suivant l'arrêté, les propriétaires des immeubles concernés doivent :

— justifier du respect de la recherche de termites dans l'immeuble en adressant au maire un état parasitaire réalisé par un expert,

— justifier du respect de l'obligation des travaux (de prévention ou d'éradication) en adressant au maire une attestation établie par une personne exerçant l'activité de traitement et de lutte contre les termites (personne distincte de l'expert).

En cas de non exécution de ces recherches et travaux puis de leur justification, le propriétaire s'expose à des peines d'amende de 1 500 euros (contravention de 5ème classe) ou plus en cas de récidive. En outre le maire peut y faire procéder d'office (à la place et aux frais du propriétaire).

Les mesures de prévention

Pour prévenir une infestation de termites, il convient de traiter le bâtiment. Le traitement consiste à injecter un insecticide à la base des murs et sur le sol et imprégner les ouvrages en bois. L'efficacité de la protection dépend étroitement des produits utilisés et des conditions techniques d'application. Généralement, le traitement réalisé par des professionnels qualifiés a une longévité d'au moins dix ans pour les bois traités et d'au moins cinq ans pour les sols et les murs mais les résultats peuvent varier suivant les sites et l'espèce rencontrée.

Entretenir une bonne hygiène du bâtiment : il faut résorber les infiltrations d'eau ou sources d'humidité éventuelles et éviter tout dépôt de matériaux aux environs de la construction (tas de bois de chauffage près des murs, débris de bois et végétaux, cartons, souches d'arbres...).

Ne pas stocker du bois contre l'habitation, planter les arbres à 15 mètres minimum de l'édifice et brûler les vieux bois sont également des mesures simples à prendre.

L'état parasitaire

Même si les champignons lignivores et les insectes xylophages autres que les termites ne sont pas visés par l'obligation d'annexer un état de leur présence ou de leur absence dans le contrat de vente, le propriétaire vendeur n'est pas dispensé de son obligation d'information envers l'acquéreur. En cas de vente d'immeuble, ce sont les règles de droits communs qui s'appliquent. Le propriétaire d'un bien immobilier situé dans une zone à risque a donc intérêt à faire établir un état parasitaire par un expert (qui n'est pas tenu d'être certifié pour cette mission). Cela lui permettra d'éviter les éventuels recours de l'acquéreur dans le cadre de la garantie des vices cachés : remboursement d'une partie du prix ou annulation de la vente.

La production d'un état parasitaire s'impose lors de la cession d'un bien présentant un fort taux d'humidité ou situé dans une région humide, notamment l'ouest de la France. Ces conditions favorisent en effet le développement de parasites. Parmi eux, le mérule est le champignon lignivore (consommateur de la lignine composante du bois) le plus redouté. Le mérule présente en effet une capacité étonnante à s'étendre rapidement et constitue en cela un véritable danger pour le bâti. 57 départements sont touchés. Les pouvoirs publics, malgré les demandes incessantes des professionnels, tardent à rendre obligatoire une recherche du mérule.

• En l'absence de l'état relatif à la présence de termites

Une clause d'exonération de la garantie des vices cachés correspondante n'aura pas d'effet au profit du vendeur si un état relatif à la présence de termites n'est pas annexé à la promesse ou, à défaut de promesse à l'acte authentique de vente.

Dans le cas où il serait démontré que le vendeur a délibérément caché la présence d'insectes ou de champignons, cela pourrait constituer un vice de consentement.

Remarques et conseils

Obligation de déclaration d'ancienne infestation

Si une ancienne infestation de termites a eu lieu dans l'immeuble que vous vendez, vous devez en informer l'acquéreur. En l'absence de cette information, vous pourriez être l'objet de recours dans le cadre de la garantie des vices cachés même si l'état réalisé par un expert a conclu à l'absence de termites.

Pour résumer

L'état relatif à la présence de termites

Immeubles concernés	Obligation en cas de vente	Sanctions en cas d'absence de ce document
Tout immeuble ou partie d'immeuble bâti situé dans une zone délimitée par arrêté préfectoral.	L'état relatif à la présence de termites doit être annexé à la promesse, ou à défaut de promesse, à l'acte authentique de vente.	Obligation de garantie des vices cachés correspondante

▸ L'état de l'installation intérieure de gaz naturel

Une installation de gaz défectueuse présente un danger majeur : le risque d'explosion. L'explosion de gaz concerne d'emblée toutes les personnes présentes sur le lieu d'origine et fait en général des victimes multiples. Ses conséquences sont particulièrement graves. L'explosion, par l'importance des phénomènes qu'elle engendre, touche très rapidement les fonctions vitales de l'individu. Les victimes d'explosion sont des victimes polytraumatisées. Outre les brûlures par flammes, celles-ci souffrent de blessures diverses comme l'atteinte de l'appareil auditif (surdité) ou de l'appareil pulmonaire.

Selon Gaz de France, 98% des accidents, fuites et explosions de gaz imputables au gaz naturel (méthane) ont pour cause la vétusté des installations, l'absence d'entretien des appareils et les comportements imprudents. Dans 50% des logements utilisant le gaz naturel, la sécurité des installations et appareils, après compteur, est jugée insuffisante, voire dangereuse. Pourtant, 80% des utilisateurs estiment, eux, que leur installation est sûre.

• En quoi consiste le diagnostic de l'état de l'installation intérieure de gaz ?

Le diagnostic de l'installation intérieure de gaz naturel a pour but d'évaluer les risques pouvant compromettre la sécurité des personnes par l'examen des équipements de gaz et des locaux.

• Biens immobiliers concernés

Sont concernés par ce diagnostic, tous les logements dotés d'une installation intérieure de gaz, qu'elle soit au gaz naturel ou au GPL (butane, propane), réalisée depuis plus de quinze ans.

Pour les ventes de lots de copropriété, seules les parties privatives des lots sont concernées.

• Durée de validité de l'état

Le diagnostic doit avoir été établi moins de trois ans avant la date de la promesse de vente ou de l'acte authentique de vente.

• Dispenses de diagnostic

Pour une installation de gaz intérieure de moins de 15 ans dans un bien plus ancien, il n'est pas nécessaire d'effectuer ce diagnostic à condition de pouvoir attester de la création de l'installation au moyen du certificat établi par un des deux organismes agréés (Qualigaz ou Norisko), ou des documents d'une entreprise labellisées « Professionnel du Gaz ».

Pour une installation de plus de 15 ans, un certificat de conformité de moins de 3 ans dispense du diagnostic.

Enfin, les diagnostics réalisés avant le 15 septembre 2006 dans le cadre d'opérations organisées par des distributeurs de gaz dispensent eux aussi d'un nouveau diagnostic tant que leur durée de validité n'est pas dépassée.

• Contenu de l'état

L'état contient les conclusions de l'opérateur de diagnostic après l'examen de l'installation intérieure de gaz et plus particulièrement la tuyauterie fixe, le raccordement en gaz des appareils, la ventilation des locaux et la combustion.

• Que se passe-t-il en cas d'anomalies détectées ?

Les conséquences des anomalies détectées diffèrent en fonction de leur classification. En effet, chaque anomalie possible est

ANNEXE 1

MODÈLE DE RAPPORT DE L'ÉTAT DE L'INSTALLATION INTÉRIEURE DE GAZ

A. – Désignation du ou des bâtiments :

Localisation du ou des bâtiments :
Département : ....
Commune : ....
Adresse : ....
Lieudit : ....
Numéro de rue, voie : ....
Référence cadastrale : ....
Désignation et situation du ou des lots de copropriété : ....
Type de bâtiment :
☐ appartement ☐ maison individuelle
Nature du gaz distribué :
☐ GN ☐ GPL ☐ Air propané ou butané
Distributeur ....
Installation alimentée en gaz ☐ OUI ☐ NON

B. – Désignation du client :

Désignation du client :
Nom : ....
Prénom : ....
Adresse : ....
Si le client n'est pas le donneur d'ordre :
Qualité du donneur d'ordre (sur déclaration de l'intéressé) : ....
Nom : ....
Prénom : ....
Adresse : ....

C. – Désignation de l'opérateur de diagnostic :

Identité de l'opérateur de diagnostic :
Nom : ....
Prénom : ....
Raison sociale et nom de l'entreprise : ....
Adresse : ....
Numéro SIRET : ....
Désignation de la compagnie d'assurance : ....
Numéro de police et date de validité : ....
Certification de compétence délivrée par : ...., le ....
Norme méthodologique ou spécification technique utilisée : ....

D. – Identification des appareils :

GENRE (1), MARQUE, MODÈLE	TYPE (2)	PUISSANCE en Kw	LOCALISATION	OBSERVATIONS : anomalie, débit calorifique, taux de CO mesuré(s), motifs de l'absence ou de l'impossibilité de contrôle pour chaque appareil concerné

(1) Cuisinière, table de cuisson, chauffe-eau, chaudière, radiateur…
(2) Non raccordé – Raccordé – Étanche.

E. – Anomalies identifiées :

POINTS DE CONTRÔLE N°(3)	A1 (4), A2 (5) ou DGI (6)	LIBELLÉ DES ANOMALIES ET RECOMMANDATIONS

(3) Point de contrôle selon la norme utilisée.
(4) A1 : l'installation présente une anomalie à prendre en compte lors d'une intervention ultérieure sur l'installation.
(5) A2 : l'installation présente une anomalie dont le caractère de gravité ne justifie pas que l'on interrompe aussitôt la fourniture du gaz, mais est suffisamment importante pour que la réparation soit réalisée dans les meilleurs délais.
(6) DGI (danger grave et immédiat) : l'installation présente une anomalie suffisamment grave pour que l'opérateur de diagnostic interrompe aussitôt l'alimentation en gaz jusqu'à suppression du ou des défauts constituant la source du danger.

F. – Identification des bâtiments et parties du bâtiment (pièces et volumes) n'ayant pu être contrôlés et motifs :

....
....
....

G. – Constatations diverses :

....
....
....

☐ L'installation ne comporte aucune anomalie.

☐ L'installation comporte des anomalies de type A1 qui devront être réparées ultérieurement.

☐ L'installation comporte des anomalies de type A2 qui devront être réparées dans les meilleurs délais.

☐ L'installation comporte des anomalies de type DGI qui devront être réparées avant remise en service.

Cachet de l'entreprise

Dates de visite et d'établissement de l'état de l'installation gaz

Visite effectuée le..

Fait à.., le ....

Nom :............................... Prénom : ....

Signature de l'opérateur

classifiée, A1, A2 ou DGI (Danger Grave Imminent), et à chaque classe correspond des mesures à adopter :

— **A1** : l'installation présente une anomalie à prendre en compte lors d'une intervention ultérieure.

— **A2** : l'installation présente une anomalie qui ne justifie pas que l'on interrompe aussitôt la fourniture de gaz, mais qui est suffisamment importante pour que la réparation soit réalisée dans les meilleurs délais.

— **DGI** (Danger Grave Imminent) : l'installation comporte une anomalie suffisamment grave pour que l'on interrompe aussitôt l'alimentation en gaz jusqu'à suppression du ou des défauts constituant la source du danger. Les risques encourus par les biens et les personnes sont trop importants pour poursuivre l'utilisation de l'installation (fuite gaz, intoxication). L'opérateur du contrôle interrompt sans délai, partiellement ou totalement l'alimentation en gaz de l'installation et pose des étiquettes de condamnation sur tout ou partie de l'installation. Il fait signer le rapport par le donneur d'ordre ou son représentant ou le lui adresse par lettre recommandée.

L'ANAH peut, si le logement bénéficie d'un système de régulation et d'une isolation suffisante, subventionner la remise aux normes ou le remplacement d'une installation existante sous certaines autres conditions.

L'ANAH (Agence Nationale de l'Habitat)

L'ANAH a pour mission de promouvoir le développement et la qualité du parc de logements privés. A cet effet, l'agence encourage et facilite l'exécution de certains travaux dans les logements par un propriétaire occupant ou bailleur, ou encore un locataire en délivrant des subventions, dès lors que ces logements sont utilisés à titre de résidence principale. Les travaux subventionnés sont des travaux de réhabilitation, remise aux normes ou d'amélioration, généralement dans des logements ou des immeubles dans lesquels ont été constatés des insuffisances (manque d'un ou plusieurs éléments d'équipement, normes insuffisantes en matière de sécurité, de salubrité, etc.). Ils peuvent être réalisés dans les parties privatives ou dans les parties communes.

Le propriétaire doit attendre l'autorisation écrite de l'ANAH avant de commencer les travaux.

Les travaux doivent être réalisés par des professionnels ou encore des entreprises d'insertion.

Avant de commencer les travaux, le demandeur dépose un dossier de demande de subvention à la délégation départementale de l'ANAH.

La demande de subvention est formulée sur des imprimés spéciaux disponibles auprès des délégations de l'ANAH dans chaque direction départementale de l'équipement (DDE) ou téléchargée sur le site de l'ANAH : www.anah.fr.

• L'absence de l'état au contrat de vente

La clause d'exonération de garantie pour vice caché prévue à l'article 1643 du Code civil ne joue pas en faveur du vendeur. Si l'installation s'avère dangereuse, l'acquéreur est en droit de demander au vendeur l'annulation de la vente ou la diminution du prix dans les deux ans de la découverte de l'anomalie.

Mesures de prévention

Ne jamais obstruer et nettoyer régulièrement les ventilations hautes et basses pour permettre une bonne circulation de l'air. Tant que le gaz n'est pas emprisonné, il n'y a pas de risque d'explosion.

Vérifier le réglage des brûleurs (un brûleur est bien réglé lorsque, si on allume le feu et baisse au maximum la flamme, celle-ci ne s'éteint pas), l'accessibilité au coupe-gaz et l'état du tuyau de raccordement. Penser à changer le tuyau avant sa date de péremption.

Ne jamais laisser un plat sur le feu lorsque l'on s'absente.

Il est fortement recommandé de faire ramoner l'installation tous les ans par une entreprise

Les bouteilles de propane d'une contenance supérieure à 6,5 litres doivent être placées à l'extérieur de l'habitation et disposées sur une aire stable et horizontale.

Les bouteilles doivent être éloignées d'au moins 1 mètre des ouvertures des locaux.

En cas de stockage des bouteilles à l'extérieur, les robinets et éléments de raccordement doivent être protégés contre les chocs et les intempéries par un capot ou un auvent.

Remarques et conseils

Les détecteurs de fumée obligatoires d'ici cinq ans

Une proposition de loi déposée le 28 septembre 2005 et adoptée le 18 juin 2008 par l'Assemblée nationale vise à rendre obligatoire l'installation de détecteurs avertisseurs autonomes de fumée dans tous les logements en France d'ici à cinq ans.

Le texte prévoit que l'occupant d'un logement « doit installer dans celui-ci au moins un détecteur avertisseur autonome de fumée » et « veiller à l'entretien » et à son « fonctionnement ». Il notifie cette installation à l'assureur avec lequel il a conclu un contrat garantissant les dommages d'incendie.

Pour être efficaces, ces détecteurs doivent être installés à proximité des zones de sommeil. Veiller à ce que l'appareil présente la norme NF.

Les intoxications au monoxyde de carbone (Co)

L'autre grand danger présenté par une installation de gaz défectueuse, l'intoxication par le monoxyde de carbone (Co), cause la mort de plus de 300 personnes chaque année en France. Les enfants sont particulièrement touchés par cette intoxication : plusieurs centaines d'enfants sont victimes d'intoxication oxycarbonée et sont hospitalisés dans un état grave.

Le monoxyde de carbone est un gaz qui se forme lors de la combustion incomplète d'une énergie inflammable. Toutes les énergies inflammables peuvent en produire : bois, charbon, pétrole, kérosène, kerdane, mazout, essence, gaz butane, propane, et gaz naturel (méthane).

Le monoxyde de carbone est un gaz très toxique qui prend la place de l'oxygène dans le sang : les victimes asphyxiées de « l'intérieur » par manque d'oxygène peuvent perdre rapidement connaissance. Mais même conscientes, les victimes sont incapables de fuir dans la plupart des cas, n'étant plus capables de réagir correctement. Sans l'aide des secours, elles peuvent mourir dans un délai très bref.

Le principal danger du monoxyde de carbone est qu'il est indécelable par l'homme : c'est un gaz inodore, incolore et sans saveur. Toutes les personnes présentes sont intoxiquées en même temps et souvent pendant leur sommeil. Les femmes enceintes et les jeunes enfants sont plus gravement et plus rapidement intoxiqués.

Remarques et conseils

Equipez-vous d'un détecteur de monoxyde de carbone !

Si vous vivez dans un logement équipé d'un appareil ou d'un dispositif de chauffage fonctionnant au gaz, fioul, charbon ou bois, équipez vous d'un détecteur avertisseur de monoxyde de carbone ! Ces appareils sont peu couteux, on en trouve à partir de 40 euros, et ils peuvent vous sauver la vie. Il est préférable que vous installiez un détecteur de CO dans chaque pièce contenant un appareil utilisant un combustible, ou à proximité. Vérifiez qu'il est possible d'entendre l'alarme depuis les chambres.

Une proposition de loi visant à les rendre obligatoires vient d'être déposée fin avril 2008.

Pour résumer

L'état de l'installation intérieure de gaz naturel

Immeubles concernés	**Obligation en cas de vente**	**Sanctions en cas d'absence de ce document**
Tout immeuble à usage d'habitation doté d'une installation intérieure de gaz datant de plus de quinze ans.	L'état doit être annexé à la promesse, ou à défaut de promesse, à l'acte authentique de vente.	Obligation de garantie des vices cachés correspondante

▶ L'état de l'installation intérieure d'électricité

On dénombre près de 100 morts par an, victimes d'un accident électrique. Et comme souvent malheureusement, les enfants en sont les principales victimes : 40% sont des enfants de moins de 9 ans.

Lors d'un accident, le courant électrique a des effets très graves sur l'organisme. L'électrisation provoque des brûlures pouvant parfois défigurer, ainsi que des décès par arrêt cardiaque.

En outre, on estime qu'en France, un incendie domestique sur trois (soit 80 000 sur les 250 000 recensés) est dû à une installation électrique dangereuse. Les principales causes d'incendies d'origine électrique sont l'échauffement par surintensité, les courts-circuits, les défauts d'isolement et les contacts défectueux.

Beaucoup d'installations électriques sont trop anciennes ou réalisées sans respect des règles de l'art. Selon une étude menée en 1998 par l'Observatoire national de la sécurité électrique (ONSE), parmi les 16 millions de logements de plus de 30 ans, 46%, soit plus de 7,3 millions, ne répondaient plus aux règles de sécurité. Il faudrait ajouter à ce nombre, chaque année, 300 000 logements supplémentaires.

Parmi ces 7,3 millions de logements, 2,3 millions étaient équipés d'installations électriques particulièrement dangereuses : contacts électriques directs, mises à la terre inadaptées, risques multiples.

• En quoi consiste le diagnostic de l'état de l'installation intérieure d'électricité ?

Ce diagnostic a pour objectif d'évaluer les risques pouvant porter atteinte à la sécurité des personnes (électrisation, électrocution, incendie). Il porte sur l'ensemble de l'installation située en aval de l'appareil général de commande et de protection de cette installation et jusqu'aux bornes d'alimentation des matériels d'utilisation ou des équipements alimentés par des canalisations fixes, ou jusqu'aux socles de prises de courant. Les défauts susceptibles de compromettre la sécurité des personnes sont identifiés par des contrôles visuels, des essais et des mesures réalisées par des appareils appropriés. Le cas échéant, des travaux peuvent être conseillés.

Remarques et conseils

L'état de l'installation intérieure d'électricité : entrée en vigueur le 1er janvier 2009

L'état de l'installation intérieure d'électricité entre en vigueur le 1er janvier 2009. Avant cette date, il n'est pas obligatoire et n'a pas à être annexé au contrat de vente. d'ici là le vendeur n'est pas obligé d'informer l'acquéreur de la non conformité de son installation aux règles minimales de sécurité.

• Immeubles concernés

En cas de vente de tout ou partie d'un bâtiment à usage d'habitation, un diagnostic de l'état de l'installation intérieure d'électricité est obligatoire lorsque celle-ci date de plus de quinze ans.

• Durée de validité de l'état

La durée de validité de l'état de l'installation d'électricité est de 3 ans.

Deux documents peuvent tenir lieu d'état de l'installation intérieure d'électricité, dès lors qu'ils ont été établis depuis moins de trois ans à la date à laquelle l'état doit être produit : le certificat de conformité aux règles techniques et de sécurité effectué par un organisme agréé, et le diagnostic réalisé avant le 1er janvier 2009 dans le cadre d'opérations organisées par les distributeurs d'électricité.

• Contenu de l'état

Ce diagnostic vérifie, au regard des exigences de sécurité, l'existence et les caractéristiques :

— d'un appareil général de commande et de protection, et de son accessibilité,

— d'au moins un dispositif différentiel de sensibilité appropriée aux conditions de mise à la terre, à l'origine de l'installation électrique,

— d'un dispositif de protection contre les surintensités adapté à la section des conducteurs, sur chaque circuit,

— d'une liaison équipotentielle et d'une installation électrique adaptée aux conditions particulières des locaux contenant une baignoire ou une douche.

Les matériels électriques vétustes, inadaptés à l'usage ou présentant des risques de contacts directs avec des éléments sous tension et les conducteurs non protégés mécaniquement sont également identifiés.

• L'absence de l'état au contrat de vente

Le vendeur ne peut s'exonérer de la garantie des vices cachés correspondante.

Si l'acquéreur constate que l'installation électrique comporte des anomalies la rendant dangereuse, il est en droit de demander au juge une réduction du prix de la vente, voire même son annulation dans un délai de deux ans à compter de la découverte du vice.

Modèle de rapport de l'état de l'installation intérieure d'électricité

ANNEXE II

Modèle de rapport de l'état de l'installation intérieure d'électricité

A / Désignation du ou des immeubles bâti(s) :

Localisation du ou des immeubles bâti(s)
Département :
Commune :
Adresse :
Lieu-dit :
N° de rue, voie :

Référence cadastrale :
Désignation et situation du lot de (co)propriété :

Type d'immeuble : Appartement ☐ Maison individuelle ☐ Année de construction : |_|_|_|_|

Année de l'installation : |_|_|_|_|

Distributeur d'électricité

B / Identification du donneur d'ordre :

Identité du donneur d'ordre :
Nom :
Prénom :
Adresse :

Qualité du donneur d'ordre (sur déclaration de l'intéressé)
Propriétaire de l'appartement ou de la maison individuelle ☐
Autre le cas échéant (préciser) ☐

C / Identification de l'opérateur :

Identité de l'opérateur :

Nom :
Prénom :
Nom et raison sociale de l'entreprise :
Adresse et raison sociale :

N° siret :
Désignation de la compagnie d'assurance :
N° de police et date de validité :
Certification de compétence délivrée par : ……………………………………………………………………………

D / Synthèse de l'état de l'installation intérieure d'électricité:

Dans le cas d'un logement dans un immeuble collectif d'habitation, le diagnostic de l'installation intérieure d'électricité ne préjuge pas :

- **de l'existence d'une installation de mise à la terre située dans les parties communes de l'immeuble collectif d'habitation (prise de terre, conducteur de terre, liaison équipotentielle principale, conducteur principal de protection et sa dérivation dans le logement) ;**
- **de l'adéquation entre la valeur de la résistance de la prise de terre et le courant différentiel-résiduel assigné (sensibilité) du ou des dispositifs différentiels ;**
- **de l'état de la partie d'installation électrique située dans les parties alimentant les appareils d'utilisation placés dans la partie privative, ni de l'existence de l'ensemble des mesures de protection contre les contacts indirects et surintensités appropriées.**

☐ **L'installation intérieure d'électricité ne comporte aucune anomalie.**

☐ **L'installation intérieure d'électricité comporte une ou des anomalies pour laquelle ou lesquelles il est vivement recommandé d'agir afin d'éliminer les dangers qu'elle(s) présente(nt).**
Les anomalies constatées concernent :

☐ L'appareil général de commande et de protection et son accessibilité.
☐ La protection différentielle à l'origine de l'installation électrique et sa sensibilité appropriée aux conditions de mise à la terre.

☐ La prise de terre et l'installation de mise à la terre.
☐ La protection contre les surintensités adaptée à la section des conducteurs, sur chaque circuit.
☐ La liaison équipotentielle dans les locaux contenant une baignoire ou une douche
☐ Les règles liées aux zones dans les locaux contenant une baignoire ou une douche
☐ Des matériels électriques présentant des risques de contact direct
☐ Des matériels électriques vétustes, inadaptés à l'usage
☐ Des conducteurs non protégés mécaniquement
☐ Des appareils d'utilisation situés dans des parties communes et alimentés depuis la partie privatives ou des appareils d'utilisation situés dans la partie privative et alimentés depuis les partie communes

☐ La piscine privée
☐ Autres (préciser) ....

☐ **L'installation intérieure d'électricité n'était pas alimentée lors du diagnostic. Les vérifications de fonctionnement du ou des dispositifs de protection à courant différentiel-résiduel n'ont pu être effectuées.**

☐ **Constatations diverses :** ....

....

....

E1 / Anomalies identifiées :

N° article (1)	**Libellé des anomalies**

(1) Référence des anomalies selon la norme XP C 16-600

F1 / Informations complémentaires :

N° article (2)	Libellé des informations

(2) Référence des informations complémentaires selon la norme XP C 16-600

G/ Identification des parties du bien (pièces et emplacements) n'ayant pu être visitées et justification :

Cachet de l'entreprise

Dates de visite et d'établissement de l'état

Visite effectuée le : …………………

Etat rédigé à………………Le ……………………………………………

Nom :………………………Prénom :………………………………………

Signature de l'opérateur

H/ Objectif des dispositions et description des risques encourus en fonction des anomalies identifiées :

Correspondance avec le groupe d'anomalies (1)	Objectif des dispositions et description des risques encourus
B1	**Appareil général de commande et de protection :** Cet appareil, accessible à l'intérieur du logement permet d'interrompre, en cas d'urgence, en un lieu unique, connu et accessible, la totalité de la fourniture de l'alimentation électrique. Son absence, son inaccessibilité ou un appareil inadapté ne permet pas d'assurer cette fonction de coupure en cas de danger, d'incendie, ou d'intervention sur l'installation électrique.
B2	**Protection différentielle à l'origine de l'installation :** Ce dispositif permet de protéger les personnes contre les risques de choc électrique lors d'un défaut d'isolement sur un matériel électrique. Son absence ou son mauvais fonctionnement peut être la cause d'une électrisation, voire d'une électrocution.
B3	**Prise de terre et installation de mise à la terre :** Ces éléments permettent, lors d'un défaut d'isolement sur un matériel électrique, de dévier à la terre le courant de défaut dangereux qui en résulte. L'absence de ces éléments ou leur inexistence partielle, peut être la cause d'une électrisation, voire d'une électrocution.
B4	**Protection contre les surintensités :** Les disjoncteurs divisionnaires ou coupe-circuits à cartouche fusible, à l'origine de chaque circuit, permettent de protéger les conducteurs et câbles électriques contre les échauffements anormaux dus aux surcharges ou courts-circuits. L'absence de ces dispositifs de protection ou leur calibre trop élevé peut être à l'origine d'incendies.
B5	**Liaison équipotentielle dans les locaux contenant une baignoire ou une douche :** Elle permet d'éviter, lors d'un défaut, que le corps humain ne soit traversé par un courant électrique dangereux. Son absence privilégie, en cas de défaut, l'écoulement du courant électrique par le corps humain, ce qui peut être la cause d'une électrisation, voire d'une électrocution.
B6	**Règles liées aux zones dans les locaux contenant une baignoire ou une douche :** Les règles de mise en œuvre de l'installation électrique à l'intérieur de tels locaux permettent de limiter le risque de chocs électriques, du fait de la réduction de la résistance électrique du corps humain lorsque celui-ci est mouillé ou immergé. Le non-respect de celles-ci peut être la cause d'une électrisation, voire d'une électrocution.
B7	**Matériels électriques présentant des risques de contact direct :** Les matériels électriques dont des parties nues sous tension sont accessibles (matériels électriques anciens, fils électriques dénudés, bornes de connexion non placées dans une boite équipée d'un capot, matériels électriques cassés, …) présentent d'importants risques d'électrisation, voire d'électrocution.
B8	**Matériels électriques vétustes ou inadaptés à l'usage :** Ces matériels électriques lorsqu'ils sont trop anciens n'assurent pas une protection satisfaisante contre l'accès aux parties nues sous tension ou ne possèdent plus un niveau d'isolement suffisant. Lorsqu'ils ne sont pas adaptés à l'usage que l'on veut en faire, ils deviennent très dangereux lors de leur utilisation. Dans les deux cas, ces matériels présentent d'importants risques d'électrisation, voire d'électrocution.
B9	**Appareils d'utilisation situés dans des parties communes et alimentés depuis les parties privatives :** Lorsque l'installation électrique issue de la partie privative n'est pas mise en œuvre correctement, le contact d'une personne avec la masse d'un matériel électrique en défaut ou une partie active sous tension, peut être la cause d'électrisation, voire d'électrocution.
B10	**Piscine privée :** les règles de mise en œuvre de l'installation électrique et des équipements associés à la piscine permettent de limiter le risque de chocs électriques, du fait de la réduction de la résistance électrique du corps humain lorsque celui-ci est mouillé ou immergé. Le non-respect de celles-ci peut être la cause d'une électrisation, voire d'une électrocution.

(1) Référence des anomalies selon la norme XP C 16-600

I / Informations complémentaires :

Correspondance avec le groupe d'informations (2)	Objectif des dispositions et description des risques encourus
B11	**Dispositif(s) différentiel(s) à haute sensibilité protégeant l'ensemble de l'installation électrique :** L'objectif est d'assurer rapidement la mise hors tension de l'installation électrique ou du circuit concerné, dès l'apparition d'un courant de défaut même de faible valeur. C'est le cas notamment lors de la défaillance occasionnelle des mesures classiques de protection contre les chocs électriques (tels que l'usure normale ou anormale des matériels, l'imprudence ou le défaut d'entretien……).
	Socles de prise de courant de type à obturateurs : L'objectif est d'éviter l'introduction, en particulier par un enfant, d'un objet dans une alvéole d'un socle de prise de courant sous tension pouvant entraîner des brûlures graves et/ou l'électrisation, voire l'électrocution.

(2) Référence des informations complémentaires selon la norme XP C 16-600

• Que se passe-t-il en cas d'installation dangereuse ?

En cas de constat de danger sur l'installation d'électricité, il est de la responsabilité du donneur d'ordre d'en tirer les conséquences, car, contrairement aux installations de gaz, les diagnostiqueurs ne sont pas habilités à intervenir sur l'installation ou son alimentation. Il est conseillé au propriétaire de faire réaliser, dans les meilleurs délais, et par un installateur électricien qualifié, les travaux permettant de lever au moins les anomalies relevées.

Les aides financières pour la réalisation de travaux

Ces aides, accordées sous certaines conditions, prennent diverses formes :

— taux réduit de TVA à 5,5%,
— crédit d'impôt,
— aides des collectivités territoriales (régions, départements, communes),
— aides de l'agence de l'environnement et de la maîtrise de l'énergie (ADEME),
— subventions de l'agence nationale de l'habitat (ANAH),
— prêts spécifiques,
— aides complémentaires (fournisseurs d'énergie, Union européenne, etc.).

Elles peuvent être cumulables.

Conseils de préventions des risques électriques

Il est recommandé de faire poser un nombre suffisant de prises à éclipses dans chaque pièce afin de limiter l'utilisation du prolongateur à des situations exceptionnelles. Plutôt qu'un prolongateur normal, choisir un bloc rallonge comportant des prises à éclipses, certains sont munis d'un bouton d'arrêt général. Pas de prises multiples : trop souvent surchargées et mal conçues, elles chauffent et sont à l'origine de nombreux incendies.

Il convient d'apprendre les bonnes habitudes à ses enfants : prendre l'habitude de se sécher les cheveux et ceux de ses enfants dans une autre pièce que la salle de bains. Cette précaution est valable pour l'ensemble des petits appareils électriques que l'on utilise quotidiennement : fer à friser, matériel pour épiler etc. La meilleure solution est d'utiliser des appareils fonctionnant avec des piles. La salle de bain est un lieu à haut risque vis-à-vis du danger électrique : elle doit être parfaitement isolée.

Pour résumer

L'état de l'installation intérieure d'électricité

Immeubles concernés	**Obligation en cas de vente**	**Sanctions en cas d'absence de ce document**
Tout immeuble à usage d'habitation doté d'une installation intérieure d'électricité datant de plus de quinze ans.	L'état doit être annexé à la promesse, ou à défaut de promesse, à l'acte authentique de vente.	Obligation de garantie des vices cachés correspondante

▶ Le diagnostic de l'installation d'assainissement non collectif

Un assainissement non collectif ou autonome est installé au sein d'une habitation lorsque le raccordement au réseau d'assainissement de la commune n'est pas possible pour des raisons de coût et/ou d'accessibilité. Les eaux usées sont dans ce cas dirigées vers une fosse enterrée à proximité où elles décantent. L'eau débarrassée des matières solides est ensuite injectée dans le sol, qui fera office de filtre physico-chimique grâce aux micro-organismes qui y sont présents.

Mais si l'assainissement autonome peut présenter un intérêt non négligeable dans de nombreux cas aux vues de la ruralité de certaines régions, il peut être à l'origine de pollution grave s'il n'est pas correctement conçu ou entretenu. Mauvais dimensionnement, absence de prise en compte de la nature du sol ou manque d'entretien sont autant de facteurs qui peuvent aboutir à terme à une pollution des sols voire pire des eaux souterraine.

Selon l'Institut français de l'environnement, cinq millions de foyers ne sont pas raccordés à l'assainissement collectif. Plus de 600 000 d'entre eux, rejettent leurs eaux usées directement dans la nature.

• Les obligations des propriétaires de biens immobiliers situés dans les zones non raccordées

Dans les zones ne disposant pas de réseau public, le propriétaire doit faire régulièrement assurer l'entretien et la vidange de son installation d'assainissement par une personne agréée.

Une mission de contrôle est effectuée par la commune par l'intermédiaire du service public d'assainissement non collectif

(SPANC), soit par une vérification de la conception et de l'exécution des installations réalisées depuis moins de huit ans, soit par un diagnostic de bon fonctionnement et d'entretien pour les autres installations. Ce diagnostic peut prévoir une liste de travaux à effectuer.

Les vérifications portent sur :
— le bon état des ouvrages, la ventilation et leur accessibilité,
— le bon écoulement des effluents jusqu'au dispositif d'épuration,
— l'accumulation normale des boues à l'intérieur de la fosse,
— la réalisation périodique des vidanges, à cet effet, l'usager présentera le bon de vidange remis par le vidangeur,
— le cas échéant, l'entretien des dispositifs de dégraissage.

Si son installation d'assainissement n'est pas conforme aux règles en vigueur, le propriétaire doit faire procéder aux travaux prescrits dans un délai de quatre ans à compter de la délivrance du diagnostic.

Les communes déterminent la date à laquelle elles procèdent au contrôle des installations d'assainissement non-collectif. Elles effectuent ce contrôle au plus tard le 31 décembre 2012, puis selon une périodicité qui ne peut pas excéder huit ans.

Remarques et conseils

Entrée en vigueur le 1er janvier 2013

Le diagnostic de bon fonctionnement et d'entretien délivré après contrôle de l'installation d'assainissement ne sera pas joint au dossier de diagnostic technique avant le 1er janvier 2013.

D'ici là, le notaire peut tout de même l'exiger si les contrôles ont été effectués par la commune. Dans ce cas, il doit être annexé au contrat de vente. Dans le cas contraire, le notaire peut vous demander d'attester que l'installation d'assainissement a été régulièrement entretenue et vidangée par une personne agréée.

Pour résumer

Le diagnostic de l'installation d'assainissement non collectif

Immeubles concernés	Obligation en cas de vente	Sanctions en cas d'absence de ce document
Tout immeuble non raccordé au réseau public des collectes des eaux usées.	S'il a été réalisé, le diagnostic de bon fonctionnement et d'entretien délivré après contrôle de l'installation d'assainissement doit être annexé à la promesse, ou à défaut de promesse, à l'acte authentique de vente.	Obligation de garantie des vices cachés correspondante

Le radon

Le radon est un gaz naturel inerte et radioactif (dépourvu, comme le monoxyde de carbone, d'odeur, de couleur ou de goût) issu du radium qui fait partie de la chaîne de désintégration de l'uranium, élément que l'on trouve en quantités variables dans toutes les roches et les sols de la planète. Le sol libère facilement le radon qui, dans l'air, se fixent sur les aérosols, les poussières ou les particules dans l'air que nous respirons, se déposant sur les cellules des parois des voies respiratoires. Les particules du radon ont alors la possibilité d'endommager l'ADN et, potentiellement, de provoquer des cancers pulmonaires. Selon de récentes estimations de l'OMS, 6 à 15% des cancers pulmonaires seraient imputables au radon.

A cause de la dilution, les taux de radon dans l'air extérieur sont en général très faibles. L'exposition est de loin la plus forte dans les habitations. Le radon pénètre dans les maisons par des ouvertures telles que des fissures dans le béton à la jonction du sol et des murs, des trous dans le plancher, de petits pores dans les murs en briques creuses, les puisards et les égoûts. La concentration en radon dans une habitation dépend de la quantité d'uranium présente dans les roches ou le sol sur lequel elle est construite, des voies d'infiltration et des échanges d'air entre l'intérieur et l'extérieur. Il en résulte que les concentrations en radon sont généralement plus élevées dans les sous-sols, les caves et toute structure en contact avec le sol. Sa concentration est mesurée en becquerels (Bq).

Les échanges d'air entre l'intérieur et l'extérieur dépendent de la construction de la maison, des habitudes des résidents en matière d'aération et de l'étanchéité des fenêtres. Les concentrations en radon peuvent varier énormément entre deux maisons adjacentes et, à l'intérieur d'une même habitation, suivant les saisons, les jours et même les heures. A cause de ces fluctuations, l'estimation de la concentration moyenne annuelle en radon dans l'air intérieur suppose de procéder à des mesures fiables des moyennes pendant au moins trois mois, et de préférence encore plus longtemps. Les mesures sur le court terme ne donnent que des informations limitées. En France, les régions les plus concernées par une exposition au radon sont la Bretagne, le Massif Central et les Vosges. On compte environ 2 500 décès par cancer chaque année qui ont pour origine une exposition au radon.

L'obligation de mesure ne concerne pour le moment que les propriétaires ou les exploitants de certains établissements accueillant du public : les établissements d'enseignement, les établissements sanitaires et sociaux disposant d'une capacité d'hébergement, les établissements thermaux et les établissements pénitentiaires. Si la concentration mesurée est supérieure à 400 Bq/m^3, ils sont tenus à une obligation de travaux.

On peut faire baisser la concentration en radon à l'intérieur des locaux de nombreuses façons, entre autres en scellant les fissures des planchers et des murs ou en renforçant l'aération des bâtiments. On peut aussi envisager d'améliorer l'aération et éviter d'amener le radon du sous-sol vers les pièces d'habitation, améliorer la ventilation sous les planchers, installer un système de puisard dans le sous-sol ou encore mettre en place un système de ventilation à pression positive.

B. Les autres diagnostics et informations obligatoires en cas de vente

Diverses mesures d'information de l'acquéreur concernant spécifiquement les biens immobiliers soumis au régime de la copropriété ont été prévues par la loi. La plus connue d'entre elles est la loi Carrez concernant la superficie des parties privatives d'un lot de copropriété. Mais l'acquéreur doit aussi se préoccuper de l'état de l'ensemble de l'immeuble dans lequel il envisage d'acheter un lot. Le manque d'entretien, de réparations des éléments d'équipements communs comme le système de chauffage collectif ou la toiture peuvent en effet occasionner des charges supplémentaires non prévues. Pour cette information, il dispose d'un dossier technique du bâtiment ainsi que d'un carnet d'entretien dont il doit prendre connaissance avant de contracter.

▶ La garantie de superficie « loi Carrez »

La « loi Carrez » impose au vendeur dans toute promesse de vente ou d'achat, tout contrat réalisant ou constatant la vente d'un lot ou d'une fraction du lot, de mentionner la superficie privative de ce lot et facilite les recours de l'acquéreur. L'objectif est, là encore, d'informer et de protéger le consommateur. La valeur vénale de ce type de logement étant souvent directement proportionnelle à sa superficie, certains vendeurs avaient tendance à surestimer la surface qu'ils mentionnaient dans les annonces et dans le contrat de vente.

• Immeubles concernés

Tous les biens soumis au régime de la copropriété sont visés par la loi Carrez, y compris les maisons individuelles lorsqu'elles sont construites sur un terrain en copropriété (c'est le cas notamment de certains lotissements). En revanche, la question de savoir si les ventes en l'état futur d'achèvement (VEFA) entrent dans le champ d'application de la loi Carrez reste posée.

• Durée de validité du mesurage

Il n'y a pas de durée prévue par la loi. La validité d'un mesurage est illimitée tant que le bien ne fait pas l'objet de modification.

• Que doit-on mesurer ?

La superficie à prendre en compte est la superficie totale des planchers des locaux clos et couverts, après déduction des surfaces occupées par les murs, cloisons et leurs revêtements, embrasures de portes et de fenêtres, marches et cages d'escalier, gaines et conduits, et sans tenir compte des planchers des parties de locaux d'une hauteur inférieure à 1,80m. Les lots ou fractions de lots d'une superficie inférieure à 8 m^2 ne sont pas pris en compte dans ce calcul, ainsi que les caves, box, garages, emplacements de stationnement, greniers, séchoirs, terrasses, balcons ouverts, loggias ouvertes, etc.

La jurisprudence a établit que les « unités d'habitation », constituées par le regroupement en un seul lot de plusieurs lots d'une superficie inférieure à 8 m^2, devaient être mesurées. C'est le cas, fréquent à Paris, de la réunion de plusieurs chambres de bonne en vue de former un appartement.

Qui doit procéder au mesurage ?

L'intervention d'un professionnel, qu'il soit agent immobilier, géomètre, architecte ou expert en diagnostic immobilier, n'est nullement obligatoire. Le propriétaire peut réaliser lui-même le mesurage du logement qu'il souhaite vendre.

Remarques et conseils

Faites appel à un professionnel !

Même si la loi ne l'impose pas, on ne peut que vous recommander de faire procéder ce mesurage par un professionnel. Ceci pour deux raisons :

— La détermination de la surface privative au sens de la loi Carrez requiert une parfaite connaissance des textes réglementaires et de la jurisprudence. Doit-on prendre en compte un placard ou un sous-sol aménagé en studio ? Faut-il mesurer une loggia ou une mezzanine ?

— Si le vendeur a eu recours à un professionnel pour le mesurage, ce recours n'exonère pas le vendeur de sa responsabilité, mais celui-ci pourra agir contre le professionnel pour engager sa responsabilité. Le professionnel a souscrit une assurance responsabilité civile professionnelle destinée à prendre en charge, le cas échéant, un préjudice causé par une erreur de mesure.

• Que se passe-t-il si la superficie déclarée dans l'acte est supérieure à la superficie réelle ?

Si la superficie réelle constatée lors d'un mesurage à l'entrée dans le logement est légèrement inférieure (moins de 5% de différence) à celle annoncée, l'acquéreur n'a pas de recours. Exemple, un bien vendu pour 90 m² mais ne mesurant réellement que 87 m² ne peut faire l'objet d'une demande de réduction du prix.

En revanche, l'acquéreur peut demander au vendeur un remboursement d'une partie du prix de vente quand la superficie réelle du lot est inférieure de plus d'un 1/20ème (> 5%) à celle mentionnée dans l'acte. La réduction du prix est proportionnelle à la différence de superficie.

Exemple

La superficie déclarée dans un acte de vente est de 65 m² au prix de 200 000 euros.

La superficie réelle après expertise est de 61m² la diminution est de [(61 - 65) / 64] / 100 = 6,25%, donc supérieure à 5%.

L'acquéreur peut donc demander une diminution de prix au vendeur de: [(200 000 / 65) x 61] - 200 000 soit 12 307,69 euros.

En outre, les frais de notaire et l'emprunt éventuel ayant été calculés sur le prix de départ, l'acquéreur peut demander réparation de ce préjudice.

La demande au vendeur du remboursement d'une partie du prix de vente peut être rédigée ainsi :

.... *(nom du vendeur)*
.... *(adresse)*

Lettre recommandée avec avis de réception

Madame, Monsieur,

J'ai signé avec vous un acte de vente le .... *(date)* pour l'achat d'un appartement situé .... *(adresse)*. La superficie mentionnée dans ce contrat est de ... m².

Or, j'ai fait mesurer l'appartement pas un expert en diagnostic immobilier, le .... *(date)*. Le certificat qui m'a été remis fait apparaître une surface de ... m².

La superficie réelle étant donc inférieure de plus de 5% de la surface déclarée, je vous demande, conformément à l'article 46 de la loi n°65-557 du 10 juillet 1065, une réduction du prix proportionnelle à cette différence constatée. D'autre part, j'estime le préjudice subi et les frais supplémentaires occasionnés à la somme de .... €.

En conséquence, je vous demande de m'adresser la somme de .... €

Veuillez agréer, Madame, Monsieur, l'assurance de mes salutations distinguées.

Signature.

PJ : Copie du certificat de mesurage.

En l'absence d'accord entre les parties, une action peut être intentée au tribunal de grande instance du lieu de situation de l'immeuble.

A l'inverse, que se passe-t-il si la superficie réelle est supérieure ?

Il n'est pas prévu de recours pour le vendeur lésé. Toutefois, il est en droit de demander la mise en cause de la responsabilité du professionnel auteur du mesurage. Celui-ci a commis une faute préjudiciable financièrement au vendeur puisqu'il aurait pu potentiellement vendre son bien plus cher. D'où l'intérêt de ne pas mesurer soi-même le logement que l'on a l'intention de vendre. D'autre part, en cas d'erreur manifeste, la responsabilité du notaire peut être mise en cause au titre de son devoir de conseil (voir droits et recours de l'acquéreur).

• En l'absence de déclaration de la superficie dans l'acte

Si la superficie n'est pas mentionnée dans l'acte, l'acquéreur ou ses ayant-droits peuvent demander l'annulation de la vente. Mais il faut faire vite puisque le délai est très court.

Une action en nullité de l'acte devra en effet être introduite au tribunal de grande instance du lieu de situation de l'immeuble au plus tard à l'expiration d'un délai d'un mois à compter du jour de la signature de l'acte authentique constatant la réalisation de la vente.

En outre, on peut penser que le notaire passant un acte sans la mention de la superficie commet une faute en manquant à son devoir de conseil. En effet, il fait prendre le risque à l'acquéreur de payer un logement à un prix supérieur à sa valeur.

Pour résumer

La garantie de superficie « loi Carrez »

Immeubles concernés	Obligation en cas de vente	Sanctions en cas d'absence de ce document
Tous les lots ou fractions de lots situés en copropriété et objets d'une vente à l'exception des caves, garages, emplacements de stationnement, ainsi que des lots ou fractions de lot d'une superficie inférieure à 8 m^2.	La superficie du bien doit être mentionnée dans la promesse de vente ou, à défaut de promesse, dans l'acte authentique de vente.	Action de l'acquéreur en nullité de l'acte dans un délai d'un mois à compter du jour de la signature de l'acte authentique.

▶ Le diagnostic technique du bâtiment

Depuis le 1er juin 2001, tout candidat à l'acquisition d'un lot de copropriété, tout bénéficiaire d'une promesse unilatérale de vente ou d'achat peut consulter le diagnostic technique du bâtiment. Il est même porté obligatoirement à sa connaissance par le notaire lors de la première vente des lots issus de la mise en copropriété et lors de toute nouvelle vente intervenant dans un délai de trois ans à compter de la date du diagnostic.

Le diagnostic technique du bâtiment concerne l'ensemble de la copropriété, c'est-à-dire les parties privatives comme les parties communes, et porte constat de l'état apparent de la solidité du clos et du couvert (façades, toiture, etc.) et de celui de l'état des conduites et canalisations collectives ainsi que des équipements communs et de sécurité.

Il permet au futur acheteur de connaitre l'état de l'ensemble du bâtiment au sein duquel il souhaite acquérir un lot.

• Immeubles concernés

Le diagnostic technique du bâtiment doit être réalisé avant la mise en copropriété d'un immeuble construit depuis plus de quinze ans. Il concerne donc les lots ou les fractions de lots issus de cette mise en copropriété.

• Durée de validité du diagnostic technique

La durée de validité du diagnostic technique du bâtiment n'est pas limitée.

Remarques et conseils

Le syndic est tenu de transmettre une copie du diagnostic technique

Le diagnostic technique du bâtiment est détenu par le syndic. Afin qu'il soit transmit au notaire, le syndic en remet une copie au copropriétaire qui en fait la demande, aux frais de ce dernier (à condition que le coût de sa transmission soit bien prévu dans le contrat de syndic).

• L'absence du diagnostic technique du bâtiment au contrat de vente ou de sa transmission

Lors des trois premières années (ou lors de la première vente après la mise en copropriété), c'est au notaire auquel revient la responsabilité d'annexer le diagnostic technique au contrat de vente. Si ce dernier ne le fait pas, on peut penser que sa responsabilité peut être mise en cause au titre de son devoir de conseil.

Il n'est pas prévu de sanctions pour le vendeur en cas de non communication du diagnostic technique du bâtiment à l'issu des trois premières années ou de la première vente. Néanmoins, l'acquéreur serait en droit de demander l'annulation de la vente et éventuellement des dommages-intérêts en cas de préjudice, si des défauts graves devaient apparaître dans le bâtiment.

Il conviendrait alors à l'acquéreur de demander au juge du tribunal de grande instance du lieu de situation de l'immeuble, l'annulation de la vente au motif que son consentement a été vicié en raison de l'absence d'information.

Pour résumer

Le diagnostic technique du bâtiment

Immeubles concernés	Obligation en cas de vente	Sanctions en cas d'absence de ce document
Lots ou fractions de lots issus d'une mise en copropriété d'un immeuble construit depuis plus de 15 ans.	Transmission par le notaire dans la première période. Ensuite, le vendeur doit transmettre le diagnostic à tout candidat à l'acquisition d'un lot de copropriété, tout bénéficiaire d'une promesse unilatérale de vente ou d'achat qui en fait la demande.	Eventuellement, action en nullité de la vente pour vice de consentement (et mise en cause de la responsabilité du notaire).

▶ Le carnet d'entretien

Un carnet d'entretien des immeubles en copropriété doit être établi et mis à jour par le syndic. Il est destiné à permettre aux copropriétaires d'effectuer une gestion prévisionnelle des travaux à venir.

• Immeubles concernés

Tous les immeubles soumis au régime de la copropriété sont concernés. Lorsque la copropriété comprend plusieurs bâtiments, le carnet doit comporter un chapitre pour chacun d'eux.

S'il existe des syndicats secondaires, chacun doit faire l'objet d'un carnet, celui du syndicat principal comprenant alors un chapitre pour les parties communes à l'ensemble du syndicat.

• Durée de validité du carnet d'entretien

La durée de validité du carnet d'entretien n'est pas limitée.

• Contenu du carnet d'entretien

Le carnet d'entretien mentionne obligatoirement :
— l'adresse de l'immeuble pour lequel il est établi,
— l'identité du syndic,
— les références des contrats d'assurances de l'immeuble souscrits par le syndicat des copropriétaires ainsi que la date d'échéance de ces contrats,
— l'année de réalisation des travaux importants (tels que le ravalement des façades, la réfection des toitures, le remplacement de l'ascenseur, celui de la chaudière ou des canalisations, ainsi que l'identité des entreprises ayant réalisé ces travaux),

— la référence des contrats d'assurance dommages ouvrage souscrits pour le compte du syndicat des copropriétaires dont la garantie est en cours.

Le carnet doit également mentionner les références des contrats d'entretien et de maintenance des équipements communs, avec leur date d'échéance, ainsi que l'échéancier du programme pluriannuel de travaux décidé par l'assemblée générale des copropriétaires.

Enfin, le carnet d'entretien peut, sur décision de l'assemblée générale des copropriétaires, contenir toutes informations complémentaires portant sur l'immeuble, telles que celles relatives à sa construction ou aux études techniques réalisées.

Remarques et conseils

Comment consulter le carnet d'entretien ?

Ce carnet est bien entendu à la disposition des copropriétaires. Si le candidat acquéreur souhaite en prendre connaissance, il doit le demander au vendeur. Ce dernier, s'il ne l'a pas en sa possession, doit en faire la demande au syndic de l'immeuble.

En pratique, beaucoup de syndics n'ont pas encore constitué un carnet d'entretien parce qu'ils le jugent inutile ou contraignant. Son absence ne remet heureusement pas en cause la validité de la vente.

• En l'absence de transmission du carnet d'entretien

Il n'est pas prévu de sanctions en cas de non-transmission du carnet d'entretien au candidat acquéreur.

Pour résumer
Le carnet d'entretien

Immeubles concernés	**Obligation en cas de vente**	**Sanctions en cas d'absence de ce document**
Lots ou fractions de lots en copropriété.	Le vendeur doit le transmettre à tout candidat acquéreur en faisant la demande.	Aucune.

▶ L'obligation d'information des vendeurs de terrains

Les vendeurs de certains terrains sont tenu à une obligation d'information à l'acquéreur concernant les risques résultant d'une exploitation antérieure d'une installation classée et les risques miniers.

• L'obligation d'information d'exploitation antérieure d'une installation classée

Les installations classées sont celles qui présentent des risques importants de pollution ou d'accident en raison de leur activité. Il peut s'agir de carrières, d'usines de fabrication de produits chimiques ou d'installations dont l'activité a entrainé la manipulation ou le stockage de substances radioactives.

Lorsqu'une installation de ce type a été exploitée sur un terrain, le vendeur doit en informer par écrit l'acheteur. Il l'informe également, pour autant qu'il les connaisse, des dangers ou inconvénients important qui résultent de l'exploitation.

• L'obligation d'information des risques miniers

Le risque minier est spécifiquement afférent à la présence de mines dont l'activité a très généralement cessé. Les principaux risques miniers sont surtout liés à l'évolution des cavités souterraines abandonnées et sans entretien du fait de l'arrêt de l'exploitation. Ces cavités présentent des risques potentiels de désordres en surface pouvant affecter la sécurité des personnes et des biens. Des phénomènes de surface (effondrement, affaissement, fontis, etc.) se font sentir à plus ou moins long terme en fonction de la taille des cavités, de leur profondeur, de la nature et de la qualité du sol. Des problèmes liés aux remontées de nappes, aux pollutions, aux émanations de gaz et émissions de rayonnement peuvent également se manifester. Ces risques font aujourd'hui l'objet d'une attention particulière (traitement, prévention, etc.). On estime à environ 500 000 (chiffre probablement sous-estimé), le nombre de cavités souterraines sur l'ensemble du territoire national. On les rencontre notamment en Lorraine et dans la région Nord Pas-de-Calais.

La loi oblige le vendeur d'un terrain dans les tréfonds duquel une mine a été exploitée à en avertir l'acquéreur par écrit.

• L'absence de ces déclarations

A défaut de ces déclarations, l'acquéreur a le choix de demander la résolution de la vente ou de se faire restituer une partie du prix. Il peut aussi demander, au frais du vendeur, la suppression des dangers ou des inconvénients qui compromettent un usage normal du terrain lorsque le coût de cette suppression ne paraît pas disproportionné par rapport au prix de la vente.

Pour résumer

Obligation d'information des vendeurs de terrains

Immeubles concernés	Obligation en cas de vente	Sanctions en cas d'absence de ces déclarations
Terrains sièges d'anciennes mines ou Terrains sièges d'anciennes exploitations d'installation classée.	Déclaration par écrit.	Résolution de la vente, restitution d'une partie du prix ou suppression des dangers ou inconvénients.

Remarques et conseils

Faites établir les diagnostics dès votre décision de vendre votre bien immobilier !

Vous en connaitrez les défauts et les qualités qui détermineront en partie sa valeur vénale. Un appartement comportant des revêtements contenant du plomb peut légitimement inquiéter les visiteurs et être plus difficile à vendre en l'état, alors qu'il est assez rapide et peu coûteux, de les faire remplacer ou de les recouvrir (en prenant les précautions nécessaires).

Bien souvent, la présence d'anomalies est connue de l'acquéreur au moment ou celui-ci s'apprête à signer l'avant-contrat et après que la négociation du prix avec le vendeur ait eu lieu. Cette situation provoque fréquemment la remise en cause de l'accord prévu entre les deux parties et génère des conflits qui pourraient être évités. Pour une bonne et sereine négociation du prix, les deux parties doivent connaître précisément les caractéristiques du bien.

De même que, et cela à aussi son importance, en effectuant les diagnostics avant la mise en vente, le donneur d'ordre se donne le temps de bien sélectionner l'expert en diagnostic immobilier, de recevoir plusieurs devis et de les comparer. (voir sur ces sujets la Partie 2 de ce guide). Enfin, la mission de l'expert sera facilitée puisqu'il pourra lui aussi prendre le temps nécessaire à la bonne réalisation de sa mission au lieu d'être contraint, comme c'est le cas encore trop souvent, d'intervenir dans l'urgence. La qualité des diagnostics qu'il vous remettra en sera préservée.

Tableau de synthèse des diagnostics et informations obligatoires en cas de vente

Nom du diagnostic	Immeubles concernés	Durée de validitée	Obligation en cas de vente	Auteur de l'état	Sanctions
Constat de risque d'exposition au plomb (CREP)	Tout immeuble ou partie d'immeuble à usage d'habitation construit avant le 1er janvier 1949.	• 1 an • Illimitée en l'absence de plomb ou plomb à des concentrations inférieures aux seuils.	Doit être annexé à la promesse de vente ou, à défaut de promesse, à l'acte authentique de vente.	Expert certifié	Impossibilité pour le vendeur de s'exonérer de sa garantie des vices cachés correspondante.
Etat mentionnant la présence ou l'absence de matériaux ou produits contenant de l'amiante	Tout immeuble ou partie d'immeuble bâti dont le permis de construire a été délivré avant le 1er juillet 1997.	Illimitée	Doit être annexé à la promesse de vente ou, à défaut de promesse, à l'acte authentique de vente.	Expert certifié	Impossibilité pour le vendeur de s'exonérer de sa garantie des vices cachés correspondante.
Diagnostic de performance énergétique (DPE)	Tout immeuble bâti avec certaines exceptions.	10 ans	Doit être annexé à la promesse de vente ou, à défaut de promesse, à l'acte authentique de vente.	Expert certifié	Aucune

Etat des risques naturels et technologiques	Tout immeuble situé dans une zone couverte par un plan de prévention des risques naturels ou technologiques ou zone sismique.	6 mois	Doit être annexé à la promesse de vente ou, à défaut de promesse, à l'acte authentique de vente.	Vendeur ou profes-sionnel	Possibilité pour l'acquéreur de demander l'annulation du contrat ou une diminution du prix de vente.
Déclaration installation classée	Tout terrain objet d'une vente sur lequel une installation classée a été exploitée.	Information ponctuelle	Information sur l'existence de l'exploitation et, à condition qu'ils soient connus du vendeur, des dangers ou inconvénients importants qui en résultent.	Décla-ration du vendeur	Action en nullité de la vente ou diminution du prix. Possibilité d'exiger, au frais du vendeur, la suppression des dangers et inconvénients dès lors que la remise en état du site n'a pas un coût disproportionné par rapport au prix de vente.
Obligation de déclaration de tout sinistre ayant donné lieu à indemnisation	Tout immeuble bâti ou non	Information ponctuelle	Le vendeur doit informer l'acquéreur par écrit d'une indemnisation de sinistre.	Décla-ration du vendeur	Possibilité de demander l'annulation du contrat ou la diminution, selon le cas, du prix de vente.

Nom du diagnostic	Immeubles concernés	Durée de validitée	Obligation en cas de vente	Auteur de l'état	Sanctions
Etat de l'installation intérieure de gaz	Tout logement dont l'installation intérieure de gaz date de plus de quinze ans.	3 ans	Doit être annexé à la promesse de vente ou, à défaut de promesse, à l'acte authentique de vente.	Expert certifié	Impossibilité pour le vendeur de s'exonérer de sa garantie des vices cachés correspondante.
Etat de l'installation intérieure d'électricité	Tout logement dont l'installation intérieure d'électricité date de plus de quinze ans.	3 ans	Doit être annexé à la promesse de vente ou, à défaut de promesse, à l'acte authentique de vente.	Expert certifié	Impossibilité pour le vendeur de s'exonérer de sa garantie des vices cachés correspondante.
Document issu du contrôle de l'état de l'installation d'assai-nissement non collectif	Tout immeuble non raccordé au réseau public de collecte des eaux usées.	8 ans maximum	Doit être annexé à la promesse de vente ou, à défaut de promesse, à l'acte authentique de vente.	Commune	Impossibilité pour le vendeur de s'exonérer de sa garantie des vices cachés correspondante.

Garantie de superficie "loi Carrez"	Tous les lots ou fractions de lots situés en copropriété et objets d'une vente à l'exception des caves, garages...	Déclaration valable jusqu'à modification du bien	La superficie du bien doit être mentionnée dans la promesse de vente ou, à défaut de promesse, à l'acte authentique de vente.	Décla-ration du vendeur ou profes-sionnel	Action de l'acquéreur en nullité de l'acte si absence de mention.
Diagnostic technique du bâtiment	Lots ou fractions de lots issus d'une mise en copropriété d'un immeuble.	Illimitée	Transmission par le notaire ou obligation du vendeur de trans-mettre à un candidat acquéreur en faisant la demande.	Etabli par un profes-sionnel.	Aucune (ou mise en cause de la responsabilité du notaire).
Carnet d'entretien	Lots ou fractions de lots de copropriété.	Illimitée	Transmission par le vendeur aux candidats acquéreurs qui en font la demande.	Etabli et détenu par le syndic	Aucune
Risques miniers	Tout terrain objet d'une vente sur le tréfonds duquel une mine a été exploitée.	Déclaration	Information sur l'existence de la mine et, à condition qu'ils soient connus du vendeur, des dangers ou inconvé-nients importants qui en résultent.	Décla-ration du vendeur	Action en nullité de la vente ou diminution du prix. Possibilité d'exiger, au frais du vendeur, la suppression des dangers et inconvénients dès lors que la remise en état du site n'a pas un coût disproportionné par rapport au prix de vente.

C. Les droits et recours de l'acquéreur

Pour le protéger au moment de ce qui constitue généralement l'achat le plus important de sa vie, l'acquéreur à le droit de renoncer à son projet si, en prenant connaissance des informations contenues dans les diagnostics annexés à l'avant-contrat, il estime avoir été trompé ou, tout simplement s'il change d'avis, grâce un droit de rétractation. S'il consent tout de même à acheter le bien et qu'une fois dans les lieux, des anomalies dont il n'avait pas eu connaissance au moment de son consentement l'empêchent de jouir de son bien dans des conditions normales, l'acquéreur peut se « retourner » contre le vendeur et lui demander le remboursement d'une partie du prix ou, dans les cas les plus graves, l'annulation de la vente.

▶ Le droit de rétractation et de réflexion de l'acquéreur

Depuis le 1er juin 2001, sont instaurés les délais de rétractation et de réflexion destinés à favoriser la protection de l'accédant à la propriété. Leur durée est de 7 jours.

• Le délai de rétractation

L'acquéreur signataire d'un avant-contrat sous seing privé peut se rétracter sans motif dans un délai de 7 jours à compter du lendemain de la présentation de la lettre recommandée avec demande d'avis de réception lui notifiant la convention.

La rétractation de l'acquéreur doit être adressée par lettre recommandée avec demande d'avis de réception. Le versement qu'il a effectué lui est alors restitué dans les 21 jours suivant le lendemain de la date de rétractation.

• Le délai de réflexion

Lorsque l'avant-contrat revêt la forme d'une promesse de vente notariée, le projet de promesse est notifié au futur bénéficiaire par lettre recommandée avec demande d'avis de réception. Celui-ci dispose d'un délai de réflexion de sept jours interdisant toute signature. Ce délai court à compter du lendemain de la présentation de la lettre recommandée. Le bénéficiaire ne peut se rétracter une fois la promesse de vente signée.

En l'absence d'avant-contrat, ou lorsque le projet de l'acte notarié de vente contient des modifications substantielles à celui-ci en présence desquelles l'acquéreur n'aurait peut-être pas contracté, le projet de l'acte est notifié à l'acquéreur par lettre recommandée avec demande d'avis de réception. S'ouvre alors le délai de réflexion de sept jours interdisant toute signature, pendant lequel l'acheteur peut renoncer à son projet.

Remarques et conseils

Demandez à consulter les diagnostics dès la première visite du bien

Il arrive encore trop souvent que les acquéreurs ne prennent connaissance des informations contenues dans les rapports diagnostics que le jour de leur engagement contractuel.

Plus grave encore, l'acquéreur ne prend véritablement possession des documents qu'à la réception de l'acte de vente définitif, soit plusieurs mois après son entrée dans le logement. Les éventuelles mesures de sécurité en présence de matériaux ou d'équipements dangereux mentionnées dans les rapports ne sont donc généralement pas lues et respectées pendant ce délai.

N'attendez donc pas le jour de la signature de l'avant-contrat pour prendre connaissance de ces informations et être informé des vices et défauts du bien. Exigez que les diagnostics vous soient remis dès la première visite du bien. Vous aurez alors tous les éléments pour mener une bonne négociation du prix de vente.

▶ Le recours contre le vendeur dans le cadre de la garantie des vices cachés

L'existence d'un vice caché permet à l'acheteur de mettre en oeuvre deux types d'actions :

• Une action « estimatoire »

Il faut demander une diminution du prix payé, éventuellement en faisant appel à un expert. Il s'agit en fait de la prise en charge financière des travaux rendus nécessaires pour remettre le bien en état d'être utilisé dans des conditions normales.

Remarques et conseils

En pratique

Si des défauts non mentionnés dans les diagnostics apparaissent dans les mois suivants votre installation, prenez contact avec le vendeur afin de lui demander, à l'amiable, le remboursement d'une partie du prix. Si aucun accord n'intervient avec lui, vous devez introduire une action en garantie des vices cachés auprès du tribunal de grande instance du lieu de situation du bien avec l'appui d'un avocat (voir plus loin). Vous devez agir rapidement : vous ne disposez en effet que de deux ans à compter du jour ou vous découvrez la présence du vice.

• Une action « rédhibitoire »

Il peut restituer le bien contre le remboursement de la somme versée, assortie des éventuels frais liés à la vente. Le choix de demander la résolution ne doit être envisagé que dans les cas les plus graves car l'action rédhibitoire peut avoir des conséquences négatives pour l'acquéreur. Il est en effet censé n'avoir jamais été propriétaire et peut être condamné à verser une indemnité d'occupation au vendeur de bonne foi puisque celui-ci a été dépossédé temporairement de son bien.

Outre la restitution ou la diminution du prix, l'acheteur peut aussi demander des dommages-intérêts s'il estime avoir subi un préjudice. Le vendeur de mauvaise foi devra réparer les préjudices liés à la présence du vice caché, peu importe que l'acheteur soit ou non un professionnel. C'est le cas par exemple d'un vendeur qui aurait sciemment caché des matériaux amiantés avant le passage de l'expert en diagnostic immobilier. Dans cet exemple, le préjudice indemnisable est généralement le coût des travaux de retrait.

Tout vendeur professionnel est considéré de mauvaise foi, même s'il ignorait l'existence du vice.

Le tribunal de grande instance (TGI)

Le Tribunal de grande instance juge les conflits entre particuliers portant sur des sommes supérieures à 10 000 euros. Il en existe un par département.

L'assignation devant le tribunal de grande instance

Il faut déposer devant le tribunal sa demande écrite - c'est-à-dire l'assignation - et choisir un avocat (sa présence est obligatoire).

L'assignation doit contenir notamment :
- — la désignation du tribunal qui doit être saisi,
- — la demande,
- — l'exposé des raisons qui la justifient,
- — la liste des pièces sur lesquelles elle est fondée.

L'assignation doit être remise à son adversaire (qui a quinze jours pour choisir un avocat) ainsi qu'au greffe du tribunal.

Dès lors, tout document à l'appui de l'argumentation devra être communiqué à son adversaire, puis au juge.

Le tribunal est saisi par la remise au greffe d'une copie de l'assignation.

Pour tout renseignement vous pouvez vous adresser au service d'accueil du tribunal d'instance ou de grande instance ou au service de consultation gratuite des avocats (se renseigner auprès de votre mairie).

Chapitre 2.

Diagnostics obligatoires en cas de location

Dans un marché locatif caractérisé par un fort déséquilibre entre l'offre et la demande de logement, la nécessité de se loger conduit parfois les personnes les plus fragilisées à louer un logement dégradé, voire insalubre.

Certains bailleurs peu scrupuleux l'on bien comprit et n'hésite pas à proposer à la location des biens dont l'état peut nuire gravement à la santé et la sécurité de ses occupants. Plus de 600 000 logements de ce type seraient concernés en France.

C'est la raison pour laquelle, la loi est aujourd'hui plus sévère pour les bailleurs que pour les vendeurs de biens immobiliers en matière de responsabilité et d'information. Non seulement les bailleurs sont tenus de remettre au locataire un bien correspondant en tous points à des critères de décence, mais ils ont aussi l'obligation de réaliser les travaux de mise en conformité éventuels sous peine de recours du locataire. D'autre part, ils engagent leur responsabilité pénale s'ils manquent à leur obligation d'annexer un CREP au bail ou s'ils ne réalisent pas les travaux éventuellement nécessaires pour supprimer le risque saturnisme

La loi impose deux obligations majeures aux loueurs de logement :

— délivrer à son locataire un logement décent,
— annexer au bail un dossier de diagnostic technique.

A. Délivrance d'un logement décent

La loi du 13 décembre 2000, dite « loi SRU », exige que le bailleur délivre un logement correspondant en tous points à des critères de décence. Les pouvoirs publics ont souhaité donner les moyens aux locataires de logements insalubres, de « taudis », de faire valoir leurs droits. Mais la loi « SRU » vise aussi les bailleurs de bonne foi qui, sans le savoir, proposent des logements qui peuvent s'avérer dangereux pour la santé ou la sécurité de leurs occupants.

La loi « SRU » présente le grand intérêt de donner enfin une définition claire et précise de ce que doit être un logement décent et de fournir au locataire les moyens juridiques de faire valoir ses droits en cas de besoin.

Le bailleur a donc fortement intérêt à contrôler ou à faire contrôler la conformité aux critères de décence du logement qu'il s'apprête à louer. Cela lui évitera de s'exposer à un recours de son locataire en cours de bail susceptible de déboucher sur un contentieux et d'engendrer pour lui des difficultés financières imprévisibles parmi lesquelles l'obligation de réaliser les travaux de remise aux normes à ses seuls frais ou d'accepter une réduction du loyer.

• Qu'est-ce qu'un logement décent ?

Selon, l'art. 6 modifié de la loi du 6 juillet 1989, un logement décent est un logement « *ne laissant pas apparaître de risques manifestes pouvant porter atteinte à la sécurité physique ou à la santé et doté des éléments le rendant conforme à l'usage d'habitation* ».

Cette obligation est d'ordre public : on ne peut y déroger par un accord ou une clause dans le bail prévoyant un loyer moindre en contrepartie de la remise d'un logement « indécent ».

• Immeubles concernés

La notion de décence s'applique à tous les logements loués, meublés ou non, à l'exclusion des locations à caractère saisonnier.

Remarques et conseils

Constat « logement décent »

Pour s'assurer que le logement présente bien toutes les caractéristiques de la décence et pour éviter bien des litiges, il est fortement recommandé au propriétaire de faire réaliser un constat de conformité aux normes de décence par un expert en diagnostic immobilier avant la mise en location. Il s'agit d'un état des lieux du logement listant les quatorze points de conformité. Si le logement est conforme, le propriétaire annexera le constat au bail et le fera signer par le locataire. Si le logement n'est pas conforme, il devra réaliser les travaux nécessaires avant la signature du bail sous peine de s'exposer aux recours du locataire.

Certaines communes dont la liste est donnée par deux arrêtés (l'arrêté du 24 avril 2007 et l'arrêté du 30 octobre 2007) se sont portées volontaires pour une expérimentation dans le cadre de la loi engagement national pour le logement (ENL). Les propriétaires de logements datant de plus de 30 ans et situés dans ces communes doivent déposer une déclaration de mise en location préalablement à l'entrée du premier locataire.

• Les critères de décence

Les exigences relatives à la décence, elles sont quatorze, concernent la composition du logement, ses éléments d'équipements et de confort et son état.

Norme de surface et de volume

Le logement doit disposer au moins d'une pièce principale ayant une surface habitable au moins égale à 9 m^2 et une hauteur sous plafond au moins égale à 2,20 m.

Confort du logement

Le logement doit assurer le clos et le couvert. Le gros œuvre ainsi que celui de ses accès doit être en bon état d'entretien et de solidité et protéger les locaux contre les eaux de ruissellement et les remontées d'eau. Les menuiseries extérieures et la couverture avec ses raccords et accessoires assurent la protection contre les infiltrations d'eau dans l'habitation.

Les dispositifs de retenue des personnes, dans le logement et ses accès tels que garde-corps des fenêtres, escaliers, loggias et balcons doivent être dans un état conforme à leur usage.

La nature et l'état de conservation et d'entretien des matériaux de construction, des canalisations et des revêtements du logement ne doivent présenter aucun risque manifeste pour la santé et la sécurité physique des locataires.

Remarques et conseils

Un logement décent est un logement sans amiante

La jurisprudence est venue confirmer que le bailleur doit procéder à des travaux de désamiantage avant l'entrée du locataire dans le logement. Il est donc recommandé au bailleur, si la location porte sur les parties privatives d'un immeuble à usage d'habitation, de faire réaliser un diagnostic amiante et de le joindre au bail.

Les réseaux et branchements d'électricité et de gaz et les équipements de chauffage et de production d'eau chaude doivent être conformes aux normes de sécurité définies par les lois et règlements et être en bon état d'usage et de fonctionnement.

Les dispositifs d'ouverture et de ventilation doivent permettre un renouvellement de l'air adapté aux besoins d'une occupation normale du logement et au fonctionnement des équipements.

Les pièces principales destinées au séjour et au sommeil, doivent bénéficier d'un éclairement naturel suffisant et d'un ouvrant donnant à l'air libre ou sur un volume vitré donnant à l'air libre.

Le logement ne doit pas être frappé d'un arrêté d'insalubrité.

Les éléments d'équipement et de confort obligatoires

Une installation doit permettre un chauffage normal, munie des dispositifs d'alimentation en énergie et d'évacuation des produits de combustion et adaptée aux caractéristiques du logement.

Une installation d'alimentation en eau potable assure à l'intérieur du logement la distribution avec une pression et un débit suffisants pour l'utilisation normale de ses locataires.

Doivent être présentes des installations d'évacuation des eaux ménagères et des eaux-vannes empêchant le refoulement des odeurs et des effluents munis de siphon.

La cuisine, ou un coin cuisine, est aménagée de manière à recevoir un appareil de cuisson et comprend un évier raccordé à une installation d'alimentation en eau chaude et froide et à une installation d'évacuation des eaux usées.

L'installation sanitaire intérieure au logement comprend un WC, séparé de la cuisine et de la pièce où sont pris les repas, et un équipement pour la toilette corporelle, comprenant une baignoire ou une douche, aménagé de manière à garantir l'intimité personnelle, alimentée en eau chaude et froide et muni d'une évacuation des eaux usées. L'installation sanitaire d'un logement d'une seule pièce peut être limitée à un WC extérieur au logement à condition que ce WC soit situé dans le même bâtiment et facilement accessible.

Le réseau électrique permet l'éclairage suffisant de toutes les pièces et des accès ainsi que le fonctionnement des appareils ménagers courants indispensables à la vie quotidienne.

• Sanctions pour le loueur d'un logement non décent

Louer un logement ne répondant pas aux critères de décence fait courir au bailleur le risque de se voir obligé, par le locataire, même après plusieurs années, de réaliser des travaux de mise en conformité. S'il ne les fait pas exécuter, il s'expose à une baisse de loyer ou à la résiliation du bail, voire dans certains cas, à devoir verser des dommages-intérêts à son locataire (voir plus loin les droits et recours du locataire).

Sa responsabilité pénale peut également être mise en cause pour mise en danger de la vie d'autrui.

Il faut noter également, même si cela ne présente pas la même gravité, qu'il ne percevra plus l'aide au logement qui lui était éventuellement versée en tiers payant.

B. Le dossier de diagnostic technique

Au même titre que le vendeur d'immeuble, et parallèlement à son obligation de louer un logement décent, le bailleur doit informer le locataire des éventuels vices et défauts du bien. Si pour lui, l'enjeu est de se garantir de recours du locataire, ses obligations ne se limitent pas à la seule délivrance de l'information. Il est aussi, et surtout, tenu de réaliser les éventuels travaux nécessaires avant l'entrée du locataire sous peine de sanctions pénales particulièrement lourdes.

L'article 3-1 de la loi du 6 juillet 1989 introduit par l'ordonnance du 8 juin 2005 impose le regroupement en un seul dossier de l'ensemble des documents destinés à l'information du locataire.

Le « dossier de diagnostic technique location » comprend :
— le constat de risque d'exposition au plomb,
— l'état des risques naturels et technologiques,
— le diagnostic de performance énergétique.

▶ Le constat des risques d'exposition au plomb (CREP)

Le contenu du CREP est le même que celui contenu dans le « dossier de diagnostic technique vente ».

Se reporter à la description générale faite du CREP dans la partie consacrée aux obligations des vendeurs.

• Biens immobiliers concernés

Un CREP doit être annexé à tout nouveau contrat de location d'un immeuble affecté en tout ou partie à l'habitation et construit avant le 1er janvier 1949.

• Durée de validité du CREP

Le CREP est valable six ans s'il établit la présence de revêtement contenant du plomb à des concentrations supérieures aux seuils.

Sa validité est permanente si le CREP a révélé l'absence de revêtements contenant du plomb ou la présence de revêtements contenant du plomb à des concentrations inférieures aux seuils. Il est donc inutile de le renouveler.

D'autre part, un CREP (ou un ERAP) réalisé à l'occasion d'une vente de l'immeuble peut être annexé au bail à condition que sa date de validité ne soit pas dépassée.

• A quel moment le fournir ?

Le CREP est dû à la conclusion du bail et également lors du renouvellement du bail lorsqu'un nouveau contrat est conclu. Mais la tacite reconduction ne donne pas lieu à production du CREP.

Remarques et conseils

Ne pas confondre la reconduction tacite du bail avec son renouvellement

Dans le premier cas, les deux parties n'interviennent pas ; le bail se poursuit automatiquement. Il y a renouvellement lorsque le bailleur a manifesté sa volonté de modifier les conditions du bail. Il doit alors nécessairement adresser une offre de renouvellement au locataire. Si ce dernier l'accepte, un nouveau bail est conclu aux nouvelles conditions définies auquel sera annexé un CREP. Il n'est pas nécessaire de faire réaliser un nouveau diagnostic si, au jour de la signature du renouvellement, sa date de validité n'est pas dépassée.

• L'absence de CREP en annexe du bail

Le saturnisme touchant particulièrement les enfants vivant dans des logements locatifs, le législateur a voulu imposer fortement l'obligation d'information des bailleurs et a, pour cela, prévu de lourdes sanctions en cas d'infraction.

S'il omet d'annexer un CREP au bail, cela constitue un manquement aux obligations particulières de sécurité et de prudence susceptible d'engager sa responsabilité pénale. Le propriétaire bailleur pourra être puni d'une peine allant jusqu'à un an d'emprisonnement et 15 000 euros d'amende.

On ne peut que conseiller à un prétendant locataire de refuser de prendre en location un logement ancien et à fortiori en mauvais état, si le CREP n'est pas annexé au bail. Dans l'hypothèse où le bail est conclu et s'il découvre, après son entrée dans les lieux, la présence de revêtements contenant du plomb, le locataire à le choix d'utiliser ses recours prévus en cas de logement non décent (demande au bailleur de réaliser des travaux visant à supprimer le risque, baisse de loyer ou résiliation du contrat) ou d'actionner la garantie des vices cachés du bailleur (baisse du loyer ou résiliation du bail) dans un délai de deux ans après la découverte du vice. Voir plus loin pour plus de précisions sur les recours du locataire.

• Que se passe-t-il en présence de revêtements contenant du plomb ?

Si le CREP atteste la présence de plomb dans des quantités supérieures aux seuils, le propriétaire est tenu de procéder aux travaux appropriés avant la mise en location du logement. S'il ne les réalise pas, il pourra être puni d'une peine allant jusqu'à un an d'emprisonnement et 15 000 euros d'amende, sans préjudice de sa mise en responsabilité pour mise en danger de la santé d'autrui.

Remarques et conseils

Faites réaliser les travaux le plus tôt possible !

Même si la loi manque de clarté sur ce point, vous devez faire réaliser les diagnostics techniques bien avant la mise en location du bien. Informé suffisamment tôt de la présence de revêtements contenant du plomb, vous serez en mesure de faire les travaux visant à éliminer le risque avant l'entrée du locataire. Vous préserverez ainsi votre responsabilité pénale. D'autre part, le DPE doit lui aussi être effectué rapidement puisqu'un candidat locataire peut vous demander ce document dès sa première visite du bien.

Pour résumer

Constat des risques d'exposition au plomb (CREP)

Immeubles concernés	Obligation en cas de vente	Sanctions en cas d'absence de ce document
Immeubles affectés en tout ou partie à l'habitation et construit avant le 1er janvier 1949.	Un CREP doit être annexé au bail lors de sa signature et lors de son renouvellement. Si CREP positif, obligation de procéder aux travaux avant la mise en location.	En l'absence de CREP ou des travaux, peine allant jusqu'à un an d'emprisonnement et 15 000 euros d'amende, sans préjudice d'une mise en responsabilité pour mise en danger de la santé d'autrui.

▸ L'état des risques naturels et technologiques

Le contenu de l'état des risques naturels et technologiques est le même que celui contenu dans le « dossier de diagnostic technique vente ». Se reporter à la description générale faite de l'état des risques dans la partie consacrée aux obligations du vendeur.

• Immeubles concernés

L'obligation d'annexer au bail un état des risques concerne tous les contrats de location écrits de biens immobiliers, bâtis ou non (location vide ou meublée, location commerciale, location professionnelle, location saisonnière, etc.), conclus avec un nouveau locataire depuis le 1er juin 2006.

• Durée de validité de l'état des risques

L'état des risques naturels et technologiques annexé au contrat de location doit dater de moins de six mois.

• A quel moment fournir l'état ?

L'état doit être annexé au bail lors de tout changement de locataire. Il n'y a pas lieu d'en fournir un lors d'un renouvellement du contrat, ni lors d'une reconduction tacite.

Remarques et conseils

L'obligation de déclaration de tout sinistre ayant donné lieu à indemnisation

Parallèlement à l'état des risques, le bailleur est tenu de déclarer l'obtention d'une éventuelle indemnisation versée, dans le cadre du régime assurantielle spécifique aux catastrophes naturelles ou technologiques à son endroit ou, s'il en a connaissance, à celle des propriétaires précédents.

Cette déclaration doit être annexée au contrat de location.

• En l'absence de l'état des risques ou de déclaration de tout sinistre ayant donné lieu à indemnisation

En l'absence de l'état des risques (ou s'il est erroné) ou de déclaration de tout sinistre ayant donné lieu à indemnisation, le locataire peut demander au juge la résolution du bail ou une diminution du montant du loyer.

Remarques et conseils

Conservez une copie datée et signée par le locataire

Compte tenu de l'importance des sanctions prévues en cas d'absence de cet état, le bailleur doit conserver une copie de l'état des risques et de l'éventuelle déclaration d'indemnisation datés et visés par le locataire, pour être en mesure de prouver qu'il a bien été remis lors de la signature du bail, dont il est une composante.

Pour résumer

Etat des risques naturels et technologiques

Immeubles concernés	Obligation en cas de vente	Sanctions en cas d'absence de ce document
Tout immeuble situé dans une zone couverte par un plan de prévention des risques naturels ou technologiques ou zone sismique.	Un état doit être annexé au bail lors de sa signature.	Action du locataire en résolution du bail ou en diminution du loyer.

▶ Le diagnostic de performance énergétique (DPE)

Le contenu du diagnostic de performance énergétique est le même que celui contenu dans le « dossier de diagnostic technique vente ». Se reporter à la description générale faite du DPE dans la partie consacrée aux obligations des vendeurs.

• Immeubles concernés

Depuis le 1er juillet 2007, un DPE doit être réalisé en cas de location de tout logement à usage principal d'habitation ou mixte habitation et professionnel. En revanche, il n'est pas obligatoire pour les locations portant notamment sur les bâtiments suivants :

— certaines constructions provisoires ;

— un bâtiment indépendant dont la surface est inférieure à 50 m^2 (un logement, quelle que soit sa taille, lorsqu'il est situé dans un bâtiment dont la surface est supérieure à 50 m^2, est cependant soumis au DPE) ;

— certains bâtiments à usage agricole, artisanal ou industriel, autres que le local servant à l'habitation ;

— un monument historique classé ou inscrit à l'inventaire en application du Code du patrimoine ;

— un bâtiment ou partie de bâtiment neuf, dont la température normale est inférieure ou égale à 12°C ;

— un logement qui ne dispose pas de système de chauffage fixe (même s'il existe un dispositif de production d'eau chaude), ou qui n'a pas d'autre moyen de chauffage qu'une cheminée à foyer ouvert ; en revanche, le DPE est obligatoire pour un logement à la location pourvu d'un équipement de chauffage de type insert, chaudière, chauffage électrique fixe.

Lorsque le logement loué est situé dans un immeuble collectif, le DPE ne concerne que les parties privatives du lot.

Le DPE n'est obligatoire pour le moment que pour les logements situés sur le territoire métropolitain.

Un diagnostic simplifié a été prévu pour les locations saisonnières lorsque la durée totale d'utilisation du logement dépasse quatre mois par an, que ce soit à titre de location ou autre.

• Durée de validité du DPE

Le DPE est valable 10 ans.

• A quel moment fournir le DPE ?

Le diagnostic de performance énergétique doit être annexé au contrat de location lors de sa signature ou de son renouvellement, mais pas lors de sa reconduction tacite.

Remarques et conseils

Un candidat locataire doit pouvoir consulter le DPE

Un candidat locataire peut demander à ce que le propriétaire lui fournisse le DPE lors de sa visite du bien. Le législateur a prévu, en effet, que le DPE puisse être un élément de comparaison de plusieurs immeubles. Le propriétaire est donc tenu de l'avoir réalisé avant la mise en visite de son bien et de le fournir à l'occasion de toute demande.

Le DPE n'a pas à être réalisé une nouvelle fois lors du renouvellement du bail tant que sa durée de validité n'a pas expiré.

Si un DPE en cours de validité a été établi à l'occasion de la vente ou de la construction du logement, il tient lieu de diagnostic pour la mise en location du logement.

• En cas d'absence du DPE au bail

Comme en cas de vente, le diagnostic de performance énergétique n'a qu'une valeur informative. Le locataire ne peut se prévaloir des informations qu'il contient à l'encontre du propriétaire bailleur. Toutefois, le droit commun s'applique. S'il lui apparait que le bailleur a délibérément occulté les conclusions défavorables d'un DPE, le locataire a la possibilité de demander des dommages et intérêts pour le préjudice subi.

• Que se passe-t-il en cas de performance énergétique mauvaise ?

Le DPE a pour but d'informer le futur locataire sur la consommation énergétique du logement et de son coût, mais ne lui permet pas d'imposer au bailleur des travaux d'amélioration de la performance énergétique.

Pour résumer

Diagnostic de performance énergétique (DPE)

Immeubles concernés	Obligation en cas de vente	Sanctions en cas d'absence de ce document
Tout bâtiment ou partie de bâtiment clos et couvert et certaines exceptions.	Le DPE doit être annexé au contrat de location lors de sa signature ou de son renouvellement. Il doit être présenté à tout candidat locataire qui en fait la demande.	Aucune.

C. Les droits et recours du locataire

Le locataire dispose de plusieurs recours en cas de découverte de vices cachés ou de points de non-conformité aux critères de décence du logement.

Dans beaucoup d'hypothèses, ces recours peuvent se superposer. Si par exemple le logement a des problèmes d'étanchéité de la toiture, le locataire est en droit de faire jouer l'obligation du propriétaire de garantir les vices cachés.

Mais il peut aussi sur ce point demander la mise en conformité du logement dans le cadre de l'obligation du bailleur de mettre en location un logement décent assurant le clos et le couvert. Dans ce cas, son action n'est pas prescrite dans le délai de deux ans.

Généralement, l'action sur le fondement de la non-conformité aux normes de décence est un recours plus rapide et plus simple techniquement.

▶ Recours du locataire dont le logement ne répond pas aux normes de décence

Si le logement ne répond pas aux normes de décence, le locataire peut demander au propriétaire sa mise en conformité sans qu'il soit porté atteinte à la validité du contrat en cours. La demande peut être notifiée à tout moment, même plusieurs années après la conclusion du bail.

• Les signes de non-décence

Le caractère manifeste des risques signifie qu'ils sont visibles et détectables par toute personne à l'occasion d'une visite attentive, sans l'aide d'un professionnel. Dans certains cas, seuls des signes laissant supposer l'existence d'un risque pourront être établis.

Si le locataire le souhaite, il peut faire appel à un professionnel pour confirmer la présence du risque.

Remarques et conseils

En cas de doute : le diagnostiqueur immobilier

Le recours à un diagnostiqueur immobilier est souhaitable en cas de doute : ce professionnel a les compétences et les moyens en matériel nécessaires pour réaliser l'état des lieux et vous délivrer un certificat indiquant le ou les points éventuels de non-conformité aux critères de décence du logement loué. Il aura, par exemple, repérer l'amiante, contrôler l'installation de gaz et d'électricité ou mesurer les surfaces.

Il est aussi possible de demander une visite de contrôle auprès des services d'hygiène ou de la DDASS ou encore de faire réaliser un constat d'huissier : l'acte est payant mais peut-être pris en charge par l'aide juridictionnelle (voir plus loin).

Voici une liste de signes de non-conformité aux critères de décence que l'on peut retrouver dans une brochure éditée par le ministère de l'équipement et du logement disponible sur www. logement.gouv.fr.

L'immeuble et l'accès au logement

— Les sols ne sont pas solides
— Les plafonds présentent un risque de chute de matériaux
— La toiture n'est pas étanche
— Les escaliers sont dangereux

— Les garde-corps sont descellés
— Les fenêtres ne sont pas étanches à l'eau
— Les fils électriques sont dénudés
— L'éclairage est défectueux
— Les canalisations de gaz sont détériorées
— Présence d'infiltrations ou remontées d'eau

Le logement dans sa globalité

— Les sols ne sont pas solides
— Les plafonds présentent un risque de chute de matériaux
— Les escaliers sont dangereux
— Les garde-corps sont descellés
— Revêtements dégradés et présence de plomb dans les peintures
— Présence de flocage, calorifugeage ou faux-plafonds dégradés contenant de l'amiante
— Présence d'infiltrations ou remontées d'eau
— L'installation électrique est dangereuse
— L'installation électrique ne permet pas le fonctionnement des appareils ménagers courants
— L'installation permettant un chauffage n'est pas adaptée

Les pièces principales

— L'éclairement naturel est insuffisant
— Les fenêtres ne s'ouvrent pas sur l'extérieur
— Les ouvertures ne permettent pas un renouvellement d'air suffisant
— L'éclairage électrique est défectueux
— Aucune pièce principale n'a un volume ou une surface suffisante

La cuisine

— Il n'y a pas d'évier
— Les plafonds présentent un risque de chute de matériaux

— Il n'y a pas d'évacuation des eaux usées
— La pression et le débit de l'eau sont insuffisants
— Il n'y a pas d'alimentation en eau potable
— Il n'y a pas d'alimentation en eau chaude
— L'aménagement ne permet pas de recevoir un appareil de cuisson
— L'éclairage électrique est défectueux

L'installation sanitaire

— Il n'y a pas de séparation entre les WC et la cuisine
— L'aménagement de la douche ou de la baignoire ne permet pas l'intimité (pour les logements de plus d'une pièce)
— La pression et le débit de l'eau sont insuffisants
— Il n'y a pas d'eau chaude
— Il n'y a pas de siphon
— L'évacuation est défectueuse
— L'éclairage électrique est défectueux

Les défauts les plus souvent constatés depuis l'entrée en vigueur de la loi concernent les réseaux et branchements de gaz et d'électricité ainsi que les étanchéités.

Remarques et conseils

Le versement de l'allocation logement

La conformité du logement aux caractéristiques de décence est aujourd'hui une condition pour bénéficier de l'allocation logement versée par la Caisse d'Allocations Familiales (CAF) ou la Caisse de Mutualité Sociale Agricole (CMSA).

- **La procédure**

Il convient, dans un premier temps d'envoyer un courrier recommandé avec accusé réception au propriétaire pour l'informer des signes de non conformité de son logement aux caractéristiques de décence. Ce courrier peut se présenter ainsi :

.... *(nom du bailleur)*
.... *(adresse)*

Lettre recommandée avec AR ou acte d'huissier

Madame, Monsieur,

Suite à la signature d'un bail en date du ...., concernant un appartement sis .... *(adresse)*, il apparait que .... *(indiquer le ou les points de non-conformité).*

Or, le décret n°2002-120 du 30 janvier 2002 vous impose de me délivrer un logement décent conforme en tous points aux critères édictés par ce texte.

Par conséquent, je vous demande de mettre le logement aux normes en réalisant les travaux correspondants.

En l'absence d'intervention de votre part dans un délai de quinze jours, je serais contraint de saisir la commission départementale de conciliation de .... préalablement à une action judiciaire à votre encontre afin de faire respecter mes droits.

Veuillez croire, Madame, Monsieur, en l'cxpression de mes salutations les meilleures.

Signature

PJ : Copie d'un certificat de non conformité.

La suite de la procédure dépend de l'attitude du propriétaire.

A la réception de ce courrier, si le locataire et le propriétaire se mettent d'accord sur les points de non-conformité, il convient de faire préciser par une seconde lettre recommandée avec avis de réception, les travaux de mise en conformité du logement que le propriétaire s'engage à effectuer, et leurs délais de réalisation.

Si le propriétaire conteste et refuse de réaliser des travaux ou n'a pas répondu dans un délai de deux mois, le locataire peut, dans un premier temps, saisir la Commission départementale de conciliation (CDC) de son département avant une éventuelle action judiciaire.

Les commissions départementales de conciliation

Instances encore méconnues mais très efficaces, leur objectif est d'obtenir un accord entre le locataire et le propriétaire en situation de conflit. Il existe une commission départementale de conciliation à la préfecture de chaque département.

La commission est saisie par lettre recommandée avec avis de réception adressée à son secrétariat.

Le ou les demandeurs doivent indiquer dans leur lettre de saisine leurs nom, qualité et adresse, ceux du défendeur ainsi que l'objet du litige ou de la difficulté. La demande émanant d'une association représentative de locataires doit également comporter le nom d'un ou de deux représentants de celle-ci.

Le secrétariat convoque ensuite les parties par lettre adressée au minimum quinze jours avant la date de la séance.

Les parties peuvent se faire représenter ou se faire assister.

La commission émet un avis qui doit être rendu dans un délai de deux mois maximum à compter de la date de la saisine.

Saisine de la commission départementale de conciliation

La saisine par le locataire de la commission départementale de conciliation de son département est facultative. Mais l'avis qu'elle rend peut éviter aux parties de s'engager dans une procédure judiciaire parfois longue et coûteuse. Elle peut se présenter sous cette forme :

> Commission départementale de conciliation
> Monsieur le Président
> .... *(adresse)*
>
> Monsieur le Président,
>
> J'ai signé un bail en date du ...., prenant effet le ...., pour un appartement composé de ...., situé à l'adresse suivante : ....
>
> Ce bail, conclu pour une durée de .... années, arrivera à échéance le ....
>
> Un litige m'oppose actuellement à M ...., le propriétaire, sur le local loué, concernant le respect des normes de décence de cet appartement sur le(s) point(s) suivant(s) : ....
>
> Aucun accord n'ayant pu à ce jour intervenir entre les parties, je vous prie de bien vouloir nous convoquer aux adresses suivantes :
> 1. pour le bailleur : ....
> 2. pour le locataire : ....
>
> Veuillez croire, Monsieur le Président, en l'expression de mes sentiments les meilleurs.
>
> *Signature*
>
> PJ : copie du bail, copie du courrier au propriétaire et de l'éventuelle correspondance, copie du certificat de non respect des critères de décence.

Saisine du tribunal de grande instance

Si aucun accord constaté par la commission départementale de conciliation n'a pu intervenir, il convient de mettre le propriétaire en demeure d'effectuer la mise en conformité du logement par lettre recommandée avec accusé de réception ou, mieux, par exploit d'huissier.

> Lettre recommandée avec AR ou acte d'huissier
>
> Madame, Monsieur,
>
> Suite au litige nous opposant sur la non-conformité du logement que vous me louez : .... *(type et adresse du logement)* et constatant votre refus de respecter les exigences du décret n°2002-120 du 30 janvier 2002, je vous mets en demeure de mettre aux normes .... *(indiquer le ou les points de non-conformité)* en réalisant les travaux correspondants.
>
> En l'absence d'intervention de votre part dans un délai d'un mois, je serais contraint de saisir le juge du tribunal de grande instance de .... *(lieu de situation de l'immeuble)*.
>
> Veuillez croire, Madame, Monsieur, en l'expression de mes salutations les meilleures.
>
> *Signature*
>
> PJ : copie du bail, copie du courrier au propriétaire et de l'éventuelle correspondance, copie du certificat de non respect des critères de décence, copie de l'avis éventuel de la CDC.

Lorsqu'un ou plusieurs locataires ont avec un même propriétaire un litige portant sur la notion de décence du logement, ils peuvent donner mandat à une association pour agir en justice pour leur compte.

Le juge du tribunal de grande instance (du lieu de situation de l'immeuble) détermine sur avis d'expert, le cas échéant, la nature des travaux à réaliser et le délai de leur exécution. Il peut aussi réduire le montant du loyer ou suspendre, avec ou sans consignation, son paiement et la durée du bail jusqu'à l'exécution des travaux de mise en conformité.

Dans les cas de non-conformité les plus graves où le locataire subit des désagréments ou des troubles de jouissance incompatibles avec une vie normale, le locataire peut demander la résiliation du bail. Le juge estimera si cette demande est légitime.

Dans le cas où le locataire aurait subi des troubles de jouissances, le juge peut lui octroyer une indemnisation.

L'aide juridictionnelle

L'aide juridictionnelle permet aux personnes dont les ressources sont faibles d'agir en justice à moindre coût.

Qui peut bénéficier de l'aide juridictionnelle ?

— Toute personne de nationalité française
— Toute personne ressortissante d'un pays membre de l'Union Européenne
— Toute personne résidant en France, habituellement et régulièrement
— Toute personne même non résidante en France si elle est mineure, témoin, inculpée, prévenue, accusée, condamnée, ou partie civile
— Toute personne morale à but non lucratif (par exemple, association)

Selon quels seuils de revenus le montant de l'aide juridictionnelle est-il calculé ?

Pour 2008, les plafonds de ressources à ne pas dépasser sont fixés à 885 € par mois pour l'aide juridictionnelle totale et 1 328 € par mois pour l'aide partielle. Elle est accordée automatiquement aux titulaires de l'allocation d'insertion, de l'allocation du Fonds national de solidarité, ou du revenu minimum d'insertion (RMI).

Comment la demander ?

Il suffit d'aller retirer un dossier de demande d'aide ainsi qu'un imprimé de déclaration de ressources dans une mairie ou un tribunal de grande instance (TGI). Une fois les deux formulaires complétés et signés, le dossier doit être envoyé au bureau d'aide juridictionnelle siégeant au TGI de son domicile ou de la juridiction saisie si tel est le cas.

▶ Recours du locataire en présence de vices cachés

Le locataire peut, en présence de défauts dont il n'avait pas eu connaissance au moment de la signature du bail (donc en l'absence du diagnostic correspondant en annexe du bail) demander au juge du tribunal de grande instance une réduction de son loyer. Il peut même obtenir la résiliation pure et simple du bail.

De plus, s'il résulte de ces vices ou défauts quelques pertes pour le locataire, le bailleur est tenu de l'indemniser. En cas d'accident par exemple du à la présence de vices.

Le locataire dispose d'un délai de deux ans à compter de la découverte du vice.

Ne sont pas garanties les vices et défauts qui, consignés dans l'état des lieux, auraient fait l'objet d'une convention de travaux au terme de laquelle le locataire accepte de prendre en charge des travaux de mise en état de l'immeuble ou des équipements mentionnés au contrat.

Remarques et conseils

Dans les situations les plus graves

Tout locataire en cours de bail estimant que l'état de dégradation de son logement est susceptible de porter atteinte à sa santé peut saisir d'une plainte la direction départementale des affaires sanitaires et sociales (DDASS) ou, si sa commune en est pourvue, le service communal d'hygiène et de santé (SCHS). Ces services sont alors tenus d'établir un rapport constatant la réalité ou non d'une situation d'insalubrité ou de risques pour la santé des occupants.

Partie 2.

Les experts en diagnostics immobiliers

L'expert en diagnostic immobilier est une sorte de médecin généraliste du bâtiment dont la mission consiste à en diagnostiquer les anomalies. Il n'est donc pas un spécialiste de chacun des domaines concernés par les diagnostics (parasitologie, gaz, électricité...). S'il estime nécessaire, il oriente ses clients vers des architectes, des bureaux d'études thermiques, des électriciens, etc.

La profession de diagnostiqueur immobilier, née en 1996 à la faveur de l'entrée en vigueur de la loi Carrez puis de l'interdiction de l'amiante et de l'obligation de son repérage dans l'ensemble du parc immobilier français, compte aujourd'hui environ 8000 membres. Ce sont majoritairement des diagnostiqueurs indépendants, souvent de petits cabinets de moins de trois salariés. Cohabitent aux côtés de ces indépendants, des structures nationales, groupes, réseaux et franchises, dont le développement est tiré par la croissance constante d'un marché du diagnostic immobilier estimé en 2007 à plus de 360 millions d'euros.

Si la plus grande partie de la profession est composée de personnes compétentes, rigoureuses et passionnées par leur métier, les agissements de quelques opportunistes, venus conquérir un marché du diagnostic considéré comme particulièrement "juteux", jettent le discrédit sur l'ensemble de leur profession.

Les propriétaires et locataires se sentent aujourd'hui parfois trompés par certains de ces professionnels censés pourtant les protéger : pratiques tarifaires incohérentes, interventions jugées peu professionnelles, erreurs flagrantes de diagnostics, etc.

Or, depuis peu, les experts en diagnostic immobilier sont soumis à des règles professionnelles strictes et à des obligations légales vis-à-vis de leurs clients que ces derniers sont tenus de connaitre. En effet, les propriétaires de biens immobiliers peuvent être sanctionnés pénalement s'ils manquent à leur obligation de sélectionner un professionnel répondant à des critères précis. Tandis qu'une insuffisance de contrôle de son intervention et des rapports qu'il établit peut avoir des conséquences très préjudiciables sur la suite de la vente du bien immobilier. Enfin, les propriétaires et les locataires bénéficient de recours contre l'expert ayant commis une faute.

Chapitre 1.

Missionner un expert

Pour trouver et contacter un professionnel, il suffit d'ouvrir les pages jaunes ou de consulter les annonces des journaux locaux. On peut également se connecter à l'internet sur les nombreux sites d'annuaires spécialisés ou encore utiliser les moteurs de recherche.

Toutefois, afin de s'assurer de la compétence de l'expert que l'on souhaite missionner, il est plus sûr de se connecter au site des organismes certificateurs (voir adresses utiles en annexes) et de sélectionner un ou plusieurs professionnels dans la liste des diagnostiqueurs certifiés. Il est possible, selon les sites, d'effectuer une recherche par département, par diagnostic ou par nom. Le site du COFRAC (Comité français d'accréditation), www.cofrac.fr, propose les liens vers ces organismes qu'il est chargé d'accréditer.

La complexité du système actuel ne doit pourtant pas décourager les donneurs d'ordre. Il s'agit, pour l'instant, du plus sûr moyen de prendre contact avec un professionnel dont les certifications sont valides. En attendant, il faut l'espérer, une liste commune à tous les organismes répertoriant l'ensemble des professionnels certifiés.

Mais, si les trouver et les contacter est aisé, s'assurer qu'ils présentent toutes les qualités pour établir les diagnostics, l'est moins.

A. La sélection d'un expert en diagnostics immobiliers

Les qualités du professionnel qui établit un dossier de diagnostic technique sont précisément définies par l'article L. 271-6 du Code de la construction et de l'habitation. Il a l'obligation de répondre à des critères de compétences, d'indépendance, d'impartialité, d'organisation et d'assurance pour pouvoir réaliser six des sept diagnostics composant actuellement le « dossier de diagnostic technique vente » :

— l'état mentionnant la présence ou l'absence de matériaux ou produits contenant de l'amiante,
— le constat de risque d'exposition au plomb,
— l'état relatif à la présence de termites,
— le diagnostic de performance énergétique,
— l'état de l'installation intérieure de gaz naturel,
— l'état de l'installation intérieure d'électricité.

L'autre diagnostic du dossier, l'état des risques naturels et technologiques, n'est pas concerné par ces prescriptions puisqu'il peut être établi par le propriétaire lui-même ou par toute autre personne intervenant ou non à la transaction (voir Partie 1 de cet ouvrage pour plus de détails).

Le mesurage imposé par la loi Carrez ainsi que l'état parasitaire, s'il n'a pas pour objectif de rechercher spécifiquement la présence de termites, sont également exclus de l'obligation d'être réalisés uniquement par un diagnostiqueur certifié, indépendant, impartial et solvable même si, en pratique, c'est généralement le même technicien qui est appelé à réaliser tous les diagnostics.

En ce qui concerne le « dossier de diagnostic technique location », le respect de ces critères est donc obligatoire pour pouvoir établir le CREP et le DPE.

• La responsabilité du contrôle de ces critères par le donneur d'ordre

C'est au donneur d'ordre, généralement le propriétaire vendeur ou bailleur, que revient la responsabilité de contrôler la bonne conformité du professionnel qu'il missionne.

Il ne faut pas sous-estimer la portée de cette responsabilité.

En effet, des sanctions pénales sont appliquées au donneur d'ordre faisant appel à un professionnel qui ne satisfait pas aux conditions de compétences, d'impartialité, d'indépendance, d'organisation et d'assurance. D'autre part, les conséquences civiles d'un manquement à cette obligation de contrôle sur la vente ou la location du bien doivent être soulignées.

• Les sanctions

L'article R. 271-4 du CCH prévoit des sanctions pénales pour les personnes faisant intervenir un professionnel ne répondant pas aux critères légaux : contravention de 5ème classe (soit 1 500 euros).

C'est cette même amende, insuffisamment dissuasive dans son cas, que risque le professionnel pour sa méconnaissance de ses obligations professionnelles.

D'autre part, l'article L. 271-6 du CCH étant d'ordre public, le contrat qui lie un professionnel exerçant illégalement à son client (l'ordre de mission) est nul. Sans ce contrat qui définit le champ et la nature de l'intervention de l'expert, il sera plus difficile au donneur d'ordre d'obtenir des réparations dans le cas où une faute du professionnel lui aurait causé un préjudice quelconque.

Enfin, les diagnostics réalisés par un professionnel n'ayant pas les qualités prescrites sont entachés de nullité. Tout se passe donc comme s'ils n'avaient pas été effectués. Avec pour conséquence, le risque pour le donneur d'ordre vendeur de ne pas être exonéré de sa garantie des vices cachés, alors qu'il se croyait, souvent de bonne foi, protégé par l'expertise d'un professionnel.

▶ Critères légaux de sélection

Cinq critères essentiels doivent définir les caractéristiques de la personne appelée à réaliser les principaux diagnostics obligatoires : compétence, indépendance, impartialité, assurance et organisation.

Ils sont obligatoirement à prendre en compte lors de la sélection du professionnel.

• Compétence

Depuis le 1er novembre 2007, l'article R. 271-1 du Code de la construction et de l'habitation impose, en vue de réaliser le dossier de diagnostic technique, de « *recourir soit à une personne physique dont les compétences ont été certifiées par un organisme accrédité dans le domaine de la construction, soit à une personne morale employant des salariés ou constituée de personnes physiques qui disposent des compétences certifiées dans les mêmes conditions* ».

Le contrôle des compétences des diagnostiqueurs est effectué par des organismes de certification accrédités par le COFRAC (Comité français d'accréditation).

Les professionnels doivent démontrer, lors d'examens théoriques et pratiques, leurs connaissances techniques, leur maîtrise des règles légales et normatives et leur aptitude à réaliser chacun des diagnostics concernés.

La certification des diagnostiqueurs immobiliers est provisoire. Elle est valable 5 ans et doit être renouvelée passé ce délai. Certains rapports qu'ils établissent sont contrôlés. En cas de faute grave, la certification du professionnel peut être suspendue, voire retirée. Malheureusement, le système actuel n'étant pas centralisé, il ne permet pas d'exclure définitivement un professionnel ayant gravement manqué à ses obligations. Si le technicien voit sa certification retirée, rien ne l'empêche de se réinscrire à un autre organisme (il en existe treize accrédités par le COFRAC actuellement sur le marché) pour se faire certifier de nouveau.

Une marque de certification ne peut être associée à un cabinet de diagnostic. La certification n'atteste des compétences que du seul technicien et non de l'ensemble de la société à laquelle il appartient.

Remarques et conseils

Comment vérifier les certifications du diagnostiqueur ?

Pour contrôler la ou les certifications du professionnel, vous devez demander à l'entreprise à laquelle vous vous adressez, soit de vous faire parvenir l'attestation de certification du technicien qui réalisera sur place les diagnostics, soit de vous faire communiquer au moins son nom et l'organisme qui lui a attribué sa certification. Il suffit de prendre contact avec cet organisme ou de se connecter à son site pour vérifier dans la liste des diagnostiqueurs immobiliers certifiés la présence du nom du technicien, et ce, pour le ou les diagnostics qu'il doit réaliser.

• Indépendance

L'expert en diagnostic immobilier ne doit avoir aucun lien de nature à porter atteinte à son impartialité et à son indépendance avec le propriétaire ou son mandataire qui fait appel à lui. Il ne peut non plus recommander de société exerçant des activités de traitement ou de travaux en relation avec ses diagnostics.

Une agence immobilière ou un notaire, dans le cadre de leur devoir de conseil, sont tenus d'informer leur client de ses obligations en lui indiquant notamment quels diagnostics doivent être réalisés sur son bien avant sa vente ou sa location. Ils peuvent aussi lui communiquer une liste de professionnels locaux. Mais en aucun cas, ils ne doivent lui imposer de contracter avec un diagnostiqueur précis.

Le commissionnement

Il arrive fréquemment que les diagnostiqueurs commissionnent les agences immobilières qui leur apportent des clients. Cette pratique très répandue peut être préjudiciable financièrement au propriétaire puisque ces « gratifications » peuvent atteindre parfois jusqu'à 30% du chiffre d'affaires de l'expert et qu'il est donc tentant pour lui de pratiquer des tarifs plus élevés que la moyenne pour compenser cette perte et préserver la qualité de son intervention.

Remarques et conseils

Les diagnostics « offerts »

Certaines agences immobilières proposent à titre commercial, dans le cadre d'un mandat exclusif, « d'offrir » les diagnostics immobiliers à leur client et missionnent elles-mêmes un professionnel. Elles n'en ont pas le droit. Ce cadeau (qui n'en est pas un) démontre clairement le lien entre l'agence et l'expert en diagnostic immobilier. Leurs clients s'exposent aux sanctions pénales et civiles évoquées précédemment. En revanche, rien n'empêche ces agences de rembourser les honoraires de l'expert que leurs clients auront eux-mêmes sélectionné et fait intervenir.

• Impartialité

Les notions d'indépendance et d'impartialité de l'expert en diagnostic immobilier sont étroitement liées. Le risque de partialité de ses diagnostics est proportionnel à son niveau de dépendance vis-à-vis de ses prescripteurs ou à la nature de son lien avec le donneur d'ordre.

Son impartialité est fragilisée lorsque par exemple le volume d'affaire fourni par une agence immobilière partenaire représente la majeure partie de son activité. Il peut être en effet délicat pour certains diagnostiqueurs de compromettre une vente en mentionnant la réalité d'une infestation de termites ou de la présence de matériaux amiantés dans un immeuble.

Comme il est évident que son impartialité est également mise en cause quand il est missionné par une personne ayant un lien familial avec lui.

Remarques et conseils

Les filiales des syndics

Certains syndics de copropriété dont les besoins en diagnostics techniques sont importants pour les parties privatives et communes des immeubles qu'ils sont chargés de gérer ont créé des filiales de diagnostics techniques. Lorsqu'il s'agit de réaliser des diagnostics sur les parties communes, donc pour le compte du syndicat des copropriétaires, ces filiales n'ont pas le droit d'intervenir : leur lien avec le donneur d'ordre est clairement établi. Il convient donc de demander au syndic de contacter d'autres entreprises.

• Assurance

Afin de prévenir les risques d'insolvabilité en cas d'engagement de sa responsabilité en raison d'une erreur dans la réalisation d'un diagnostic, la loi impose au diagnostiqueur de souscrire une assurance personnelle dont le montant ne peut être inférieur à 300 000 euros par sinistre et 500 000 euros par année d'assurance.

Dans les faits, les experts en diagnostic immobilier, conscients de leur responsabilité, sont dûment assurés. Mais il peut arriver qu'ils ne le soient pas pour un diagnostic précis. Un opérateur assuré, par exemple, uniquement pour l'état parasitaire relatif à la présence de termites, peut se trouver dans l'illégalité s'il réalise un état parasitaire dans le but de rechercher la présence d'autres insectes xylophages ou de champignons. Il appartient donc au donneur d'ordre de vérifier l'assurance du professionnel qu'il missionne, d'autant qu'en cas d'absence d'assurance, ou d'assurance incomplète, le professionnel ne sera peut-être pas en mesure de pouvoir compenser un éventuel préjudice en cas de faute.

Remarques et conseils

Comment contrôler l'assurance d'un diagnostiqueur

Le professionnel est tenu de vous communiquer son attestation d'assurance à votre demande. Vous devrez alors vérifier particulièrement que :

— le nom du diagnostiqueur contacté est bien celui figurant sur l'attestation,

— la date d'échéance n'est pas dépassée,

— l'assurance couvre toutes les missions à réaliser.

• Organisation et moyens

L'exigence d'organisation se comprend comme l'obligation du diagnostiqueur de disposer des moyens en matériel et en personnel nécessaires pour l'établissement des états, constats et diagnostics composant le dossier. S'il n'est pas toujours facile ni très instructif de s'enquérir des moyens en personnel de l'expert, l'utilisation d'un matériel approprié est vérifiable lors de son intervention. Ce matériel est développé dans le chapitre 2 ci-après.

▶ D'autres critères de sélection

Lors du premier contact téléphonique, il est possible de juger du sérieux de son interlocuteur qui, pour informer précisément de son tarif, doit poser un certain nombre de questions sur le bien de son client. Un professionnel consciencieux doit s'enquérir également des éventuels anciens rapports encore valables détenus par le client afin de lui éviter de facturer une mission inutile. S'il ne prend pas ces précautions avant de communiquer un prix, il peut être préférable de contacter un autre expert.

Enfin, la recommandation est probablement la plus ancienne et la plus sûre méthode de sélection d'un prestataire. Un client satisfait des compétences et du professionnalisme d'un expert a généralement envie de le recommander à son entourage. Il peut donc être utile de se renseigner auprès des personnes qui ont récemment vendu, acheté ou loué un bien immobilier.

Remarques et conseils

Les « diagnostics à distance »

Il arrive que des diagnostiqueurs proposent à leur client de leur communiquer par téléphone l'ensemble des données sur leur bien afin de réaliser les diagnostics sans se déplacer. Ces « professionnels » sont alors enclins à leur faire bénéficier d'une forte remise sur leur tarif puisque leur temps d'intervention s'en trouve en effet fortement diminué ! Il faut refuser catégoriquement cette pratique illégale et contraire à la déontologie de la profession.

La Direction générale de la consommation, de la concurrence et de la répression des fraudes (DGCCRF) est compétente pour sanctionner ces manquements à la loi.

B. Les tarifs des experts

Les tarifs des experts en diagnostic immobilier sont libres. Ce qui explique la grande diversité des prix pratiqués, parfois pour des missions équivalentes.

Cela étant, le diagnostiqueur doit pouvoir vous communiquer une grille tarifaire claire exprimée en euros et toutes taxes comprises. L'affichage de la liste des prestations doit figurer sur un document unique et indiquer de façon détaillée le prix de chacune des prestations.

Les grilles tarifaires des professionnels sont établies en fonction :

— de la nature et des caractéristiques du bien : maison ou appartement, nombre de pièces et surface,

— du type de prestations et de leur nombre.

Tous les diagnostiqueurs proposent des tarifs forfaitaires pour la commande d'un dossier de diagnostic technique. Il est en effet assez juste de prévoir une réduction du tarif des prestations quand celles-ci doivent être exécutées sur le même site. Ces tarifs s'avèrent plus économiques pour le client. Toutefois il convient de s'assurer que tous les diagnostics compris dans le forfait sont réellement obligatoires pour le bien concerné.

▶ Les limites du jeu de la concurrence : les prix trop bas

Beaucoup de nouveaux professionnels récemment installés, ou de plus anciens confrontés à une concurrence exacerbée, s'estiment contraints de pratiquer des prix très bas pour survivre sur leur marché. Ils consentent à pratiquer de forts rabais sur leur tarif normal pour obtenir les faveurs de donneurs d'ordre. Mais cette baisse des tarifs observée ne s'opère pas dans l'intérêt de leurs clients. Un professionnel qui baisse ses prix le fait bien souvent au détriment de la qualité de ses prestations.

Si le tarif proposé est manifestement très bas, il peut alors être instructif de demander au professionnel une estimation du temps de son intervention.

Il est évident que le temps d'intervention dépend largement de la configuration des lieux et de leur état. Un logement ancien et dégradé demandera normalement une attention accrue. Il dépend également du niveau d'expérience du technicien. Un professionnel ayant plusieurs années de pratique est capable de repérer rapidement les lieux, matériaux ou équipements « sensibles », ce qui ne lui dispense pas, bien sûr, de réaliser l'ensemble des investigations obligatoires.

Elle dépend aussi, malheureusement, de sa rigueur dans la conduite de sa mission.

Exemple

On estime que pour réaliser convenablement cinq diagnostics (amiante, plomb, DPE, gaz et mesurage « loi Carrez ») dans un appartement 4/5 pièces, un expert a besoin d'environ trois à quatre heures.

Certes, la durée de la mission peut varier sensiblement selon les caractéristiques du bâtiment, de son état ou de l'assistance apportée par le donneur d'ordre, mais il est inacceptable qu'un expert en diagnostic immobilier ne reste qu'une demi-heure ou même une heure sur les lieux, dans l'exemple proposé plus haut. Dans un temps aussi court, il lui est impossible de procéder à l'ensemble des investigations exigées par les règles légales et normatives.

▶ Tarifs moyens

Voici un tarif moyen des principaux diagnostics destiné à faciliter les comparaisons. Il est bien entendu que ce tarif n'est qu'un exemple et que les professionnels peuvent proposer des prix sensiblement différents. Mais de gros écarts doivent tout de même être justifiés par l'expert.

	Studio	Appartement 4 pièces	Maison 5 pièces
Amiante *	80 €	100 €	120 €
Plomb	110 €	180 €	250 €
Termites	70 €	100 €	160 €
DPE	100 €	120 €	170 €
Gaz	130 €	130 €	130 €

** Les frais d'analyse en cas de prélèvement sont d'environ 40 € et 70 € selon la méthode utilisée par le laboratoire.*

Etat des riques naturels et technologiques	30 € *parfois offert*	30 € *parfois offert*	30 € *parfois offert*
Loi Carrez	80 €	100 €	150 €
Constat logement décent	110 €	130 €	160 €
Etat des lieux "prêt à taux 0"	110 €	130 €	160 €

▶ Plusieurs devis écrits

Afin de comparer efficacement les tarifs entre entreprises et de contester d'éventuels suppléments de prix imprévus, il convient de se faire envoyer un devis par mail, par fax ou par courrier par au moins trois experts en diagnostic immobilier.

Dans deux cas, le devis et la facture peuvent mentionner une somme différente :

— lorsque les informations communiquées au professionnel étaient erronées ou imprécises. L'expertise d'un bien dont la surface est très supérieure à celle annoncée demandera par exemple plus de temps au diagnostiqueur. De même qu'une erreur de date de construction peut faire varier le nombre de diagnostics à réaliser ;

— lorsque des prélèvements pour analyse s'avèrent sur place nécessaires. C'est très souvent le cas à l'occasion du repérage de l'amiante et parfois aussi pour le constat de risque d'exposition au plomb et l'état parasitaire.

Remarques et conseils

Le nombre de prélèvements ne peut être prévus à l'avance

L'ordre de mission ou le devis ne peuvent en aucun cas prévoir le nombre de prélèvements et d'analyses. Ce n'est en effet qu'au moment de son intervention que l'opérateur pourra définir le nombre de prélèvements nécessaires. Il convient donc de refuser un tel devis.

En dehors de ces deux hypothèses, si la facture est supérieure au devis, il convient de demander des explications au professionnel. En cas de désaccord, le client doit saisir la Direction départementale de la concurrence, de la consommation et de la répression des fraudes du département d'exercice du professionnel (voir modèle de courrier au chapitre 3).

Enfin, il peut être utile de se faire préciser par le professionnel si le devis comprend ses frais de déplacements.

C. L'ordre de mission

Comme pour toute commande de prestations, le client doit exiger que le cabinet de diagnostic lui remette un ordre de mission au plus tard avant la prestation. Il s'agit du contrat définissant précisément le champ de l'engagement du professionnel en contrepartie du paiement de son client.

Un entretien entre le donneur d'ordre et le professionnel doit permettre à ce dernier, avant son intervention et si possible après visite du bâtiment, d'établir par écrit (ou sur tout autre support durable à la disposition du client) ce document obligatoire.

Le client doit lui fournir l'ensemble des informations nécessaires à la préparation de son intervention et à l'établissement des états ou diagnostics : numéros de lots de copropriété, références cadastrales, composition du bien...

L'ordre de mission doit contenir, selon les informations données à l'expert :

— l'objet et l'étendue de la mission,
— le rappel des textes réglementaires s'appliquant à la mission,
— les conditions générales d'intervention,
— la désignation du client,
— la désignation et description du bâtiment,
— l'adresse, la référence cadastrale, le numéro du lot le cas échéant,
— l'usage, la nature et le type du bâtiment,
— l'historique du bâtiment,
— l'accessibilité des parties de bâtiment, ouvrages et parties d'ouvrages à examiner,
— les prix et délais.

En l'absence de signature par son client d'un ordre de mission, il s'agit pour le professionnel d'une vente sans commande préalable. Cette infraction est punie par une contravention de cinquième classe (1 500 euros par prestations effectuées).

D. L'attestation sur l'honneur

Le diagnostiqueur immobilier est tenu de remettre à son client, de préférence avant les expertises, une attestation sur l'honneur indiquant qu'il est en situation régulière au regard des critères de

Modèle d'attestation sur l'honneur recommandé par la FNECI

ATTESTATION SUR L'HONNEUR

DECLARATION SUR L'HONNEUR - R271-3 CCH

Je soussigné, XXXXXXXXXX, opérateur en diagnostics immobiliers au sein de la société (Nom-adresse), exerçant conformément à l'application de l'article L271-6 du Code de la Construction et de l'Habitation, atteste sur l'honneur que :

- *La présente prestation est réalisée en totale indépendance et impartialité ;*
- *Je dispose des compétences requises pour effectuer les diagnostics réglementaires suivants ainsi qu'en attestent mes certifications de compétences :*

Diagnostics certifiés	***Organisme certificateur***	***Numéro de certificat***	***Duré de validité***
Repérages amiante			*Du XX/XX/XXXX au XX/XX/XXXX*
Constat de Risque d'Exposition au Plomb			
Etat relatif à la présence de termites			
Diagnostic de Performance Energétique			
Etat de l'installation intérieure de gaz			
Nom de l'Organisme de Certification, accrédité par le COFRAC sous le n° X-XXXX *Adresse de l'organisme de certification*			

- *Je dispose des moyens appropriés requis par les textes réglementaires*
- *Ma société a souscrit une assurance, couvrant les éventuelles conséquences qui pourraient résulter de mon intervention, auprès de Nom de la compagnie (adresse) sous le n° de police XXXXXXX. Ce contrat est valide du XX/XX/XXXX au XX/XX/XXXX.*
- *J'ai conscience que toute fausse déclaration ainsi que toute intervention effectuée en violation des contraintes légales est passible de sanctions pénales d'un montant de 1 500 euros par infraction constatée, le double en cas de récidive.*

Fait à XXXXXXX,
Le XX/XX/XXXX

Textes réglementaires de référence :

- Code de la Construction et de l'Habitation, articles R271-3 et R271-6
- Décret n°2006-1114 du 5 septembre 2007 relatif aux diagnostics techniques immobiliers et modifiant le code de la construction et de l'habitation et le code de la santé publique.

Coordonnées société et mention légales

compétence, d'indépendance, d'impartialité et d'assurance et qu'il dispose des moyens en matériel et en personnel nécessaires à l'établissement des états, constats et diagnostics composant le dossier diagnostic technique. Il ne peut prétexter de ne pas en avoir en sa possession puisque rien se s'oppose à ce que cette attestation sur l'honneur puisse être rédigée à votre demande immédiatement, au besoin de façon manuscrite sur une feuille blanche en s'inspirant du modèle ci-contre.

Remarques et conseils

L'attestation sur l'honneur : un document à conserver

Vous devez conserver précieusement l'attestation sur l'honneur remise par l'expert. En l'état actuel des textes, ce document vous permet de vous exonérer de votre responsabilité dans le cas où le professionnel exercerait illégalement. La détention de l'attestation démontre que vous avez accompli votre obligation de contrôle des critères de conformité des règles professionnelles du diagnostiqueur.

Est puni d'une peine d'un an d'emprisonnement et de 15 000 euros d'amende, le fait d'établir une attestation faisant état de faits matériellement inexacts ou de faire usage d'une telle attestation.

Pour résumer

- De préférence, sélectionnez et missionnez vous-même un expert en diagnostic immobilier.

- Faites réaliser plusieurs devis écrits (au moins trois)

- Privilégiez un tarif forfaitaire plutôt qu'à l'unité et ne missionnez pas un diagnostiqueur proposant un tarif nettement plus bas que les autres (aidez-vous pour cela de la grille de prix proposée dans cet ouvrage).

- Contrôlez les certifications du technicien sélectionné en vous connectant sur le site de l'organisme certificateur qui les lui a attribuées

- Exigez de signer un ordre de mission avec le professionnel choisi

- Conservez soigneusement l'attestation sur l'honneur remise par le professionnel (engagement de réunir les critères obligatoires de compétence, indépendance, impartialité, assurance, organisation et moyens).

Chapitre 2.

Conditions d'intervention du professionnel

La mission du diagnostiqueur est complexe. Il ne s'agit pas, contrairement à ce que l'on peut penser, de saisir quelques données sur un ordinateur après une rapide visite du bien. Les pratiques professionnelles sont précisément définies par des textes réglementaires et normatifs auxquels l'expert est tenu de se conformer.

Le propriétaire ou son mandataire a un rôle à jouer lors de la mission du professionnel. Il doit la faciliter, notamment en lui assurant un accès sécurisé à toutes les parties de son bien et en lui délivrant les informations nécessaires au bon déroulement de la mission.

A. Avant l'intervention de l'expert

L'expert doit être en mesure d'accéder à l'ensemble du bien à diagnostiquer, notamment aux combles, à la cave et aux dépendances.

Le propriétaire ne doit pas laisser des parties trop encombrées, il convient de déplacer le mobilier lourd afin de permettre un accès aux murs, plinthes et cloisons.

Les règles légales et normatives d'intervention imposent, en effet, au diagnostiqueur la réalisation de diagnostics non destructifs. Il ne peut démonter ou déposer un élément quelconque sans l'autorisation du donneur d'ordre.

Remarques et conseils

Pièces innaccessibles = diagnostic incomplet

En cas d'impossibilité d'accès à une pièce, le professionnel en fera mention dans son rapport. En conséquence, l'exonération de la garantie des vices cachés ne pourra porter sur cette partie, sans que la responsabilité du professionnel ne puisse être recherchée. Il vous est donc fortement recommandé de permettre l'accès de l'ensemble de votre bien à l'expert.

Le donneur d'ordre est tenu d'autoriser l'expert à prendre toutes dispositions pour assurer la sécurité des personnes et des biens et de respecter et faire respecter les consignes de sécurité qu'il peut lui indiquer.

Enfin, le propriétaire doit remettre au professionnel tous les documents en sa possession et utiles au déroulement de sa mission : anciens rapports de diagnostics, plans d'architecte, plan de masse, plans de copropriété, règlement de copropriété, état descriptif de division, permis de construire, factures d'énergie, documents décrivant les matériaux ou nécessaires à la bonne compréhension de l'historique du bien, etc.

B. L'intervention

Lors de son intervention, le professionnel est tenu de mettre en oeuvre tous les moyens à sa disposition pour réaliser sa mission. Il convient de vérifier que le diagnostiqueur utilise un matériel adapté. C'est une des exigences imposées par la loi à l'expert.

Sont résumés ici les pratiques et les outils adéquats pour la réalisation des principaux diagnostics. Les pratiques peuvent varier sensiblement en fonction des caractéristiques de l'immeuble et des habitudes du professionnel. Mais de gros écarts doivent éveiller la méfiance du donneur d'ordre.

▶ CREP

Le matériel adapté

L'utilisation d'un analyseur à fluorescence X doté d'une source radioactive est le seul moyen légal pour mesurer la concentration de plomb dans les peintures dans le cadre du CREP. Il doit être transporté dans une mallette spéciale marquée « UN 2911 » conçue pour limiter la propagation de rayons ionisants en cas d'accident. Le professionnel doit pouvoir vous fournir une attestation de Personne Compétente en Radioprotection (PCR), détenue par lui-même ou au moins une personne de sa société. Dans le cas contraire, il n'a pas le droit d'utiliser ce type d'appareil et le diagnostic réalisé ne sera pas conforme.

Les pratiques adéquates

Après une visite globale du bien à diagnostiquer, le professionnel procède d'abord au calibrage de son appareil. Puis, il effectue au moins un relevé de mesure sur chacun des revêtements des éléments unitaires de construction accessibles du bien. Dans chaque pièce, il doit vérifier les murs, les éléments de construction de substrats différents et les éléments situés dans des locaux différents, même contigus. Le technicien est tenu de réaliser toutes les mesures. Il doit également prendre les dispositions nécessaires pour assurer la sécurité de l'accompagnateur à proximité de l'appareil à fluorescence X.

▶ Amiante

Le matériel adapté

Un diagnostiqueur est tenu d'être équipé d'un matériel de prélèvements et de sécurité. Toutefois, il peut réaliser sa mission sans l'aide d'outil si des sondages visuels et sonores s'avèrent suffisants.

Les pratiques adéquates

Le technicien effectue un repérage global des bâtiments rentrant dans le champ de sa mission. Puis, il examine systématiquement tous les locaux constitutifs des parties privatives du bien immobilier : combles, placards, balcons, caves…

Ses investigations doivent se limiter à des sondages non destructifs. Il peut toutefois être amené à demander l'autorisation de son client s'il lui apparaît utile de démonter, par exemple, une grille d'aération ou une plaque de protection susceptible de cacher des matériaux amiantés.

En cas de prélèvement, l'expert doit prendre les dispositions nécessaires pour ne pas exposer l'accompagnateur à la dissémination de fibres d'amiante.

▶ Termites

Le matériel adapté

Le professionnel doit utiliser un poinçon (ou un outil équivalent) ainsi qu'une lampe torche. Les appareils électroniques de détection ne sont pas obligatoires. Ils ne peuvent être que des outils d'aide à la décision.

Les pratiques adéquates

Dans un premier temps, l'expert en diagnostic immobilier examine les abords du bâtiment sur une zone de 10 m de distance par rapport à l'emprise du bâtiment. Il procède ensuite à un examen visuel minutieux de l'ensemble des éléments et ouvrages constituant le bâtiment. Les normes (et le bons sens) lui commandent de commencer par le bas du bâtiment (sous-sols et caves) pour finir par l'examen de la charpente, suivant ainsi la progression des éventuels termites. Il s'intéresse particulièrement aux zones humides favorables au passage ou au développement des termites (caves, vide sanitaires, arrivées et départs de fluides, etc.) ainsi qu'à l'ensemble des parties boisées ou contenant de la cellulose (papiers, cartons...).

Le professionnel pratique des sondages rapprochés non destructifs (occasionnant de simples petits trous) de tous les éléments en bois à l'aide d'un poinçon ou d'un outil équivalent. Grâce à la présence de ces trous, il est d'ailleurs aisé de vérifier la réalité des investigations du technicien.

Il peut être amené à effectuer des sondages complémentaires avec l'autorisation du donneur d'ordre.

▶ DPE

Le matériel adapté

L'opérateur peut être équipé d'un ordinateur portable traditionnel, d'un tablet PC (ordinateur sans clavier) ou encore d'un pocket PC (de la taille d'un agenda électronique ou d'un téléphone mobile). Mais cet équipement n'est pas indispensable. Il peut aussi noter sur le terrain les informations recueillies sur une simple feuille de papier puis les saisir sur un ordinateur dans ses bureaux. L'utilisation d'une caméra thermique n'est pas non plus obligatoire.

En fonction des caractéristiques de l'immeuble, il peut être équipé d'un télémètre, d'un appareil de mesure de l'épaisseur des double-vitrages et d'une boussole.

Les pratiques adéquates

Après un repérage de l'ensemble du bien, le diagnostiqueur identifie la nature et la qualité des équipements et matériaux d'isolation (murs, plafonds, planchers, portes, fenêtres…), il examine les installations de production de chauffage et d'eau chaude, sanitaire, d'électricité, de gaz, de fuel, ou autres… Il doit recueillir auprès du donneur d'ordre des données concernant d'éventuels travaux antérieurs de rénovation du bâtiment, le mode d'occupation des lieux, le fonctionnement des équipements (chauffage, eau chaude, sanitaire, ventilation...), la nature des parois, l'isolation… Il visite toutes les parties accessibles et il est tenu de mettre en oeuvre tous les moyens à sa disposition pour l'identification précise des éléments du bien.

▶ Gaz

Le matériel adapté

Un ou deux appareils de mesure du CO et du tirage doté d'une sonde souple ou rigide sont utilisés.

Les pratiques adéquates

Lors de la visite, l'opérateur de diagnostic examine la tuyauterie fixe, le raccordement en gaz des appareils, la ventilation des locaux et la combustion. Il procède obligatoirement à un test d'étanchéité, à une mesure de monoxyde de carbone aux abords de l'appareil et une mesure du tirage.

Il est tenu de signaler au propriétaire les éventuelles anomalies constatées à l'occasion de la visite.

▶ Electricité

Le matériel adapté

Les professionnels sont équipés d'un ou plusieurs appareils électroniques capables de mesurer la résistance de prise de terre, de contrôler le dispositif à courant différentiel résiduel et de mesurer la continuité des conducteurs de protection.

Les pratiques adéquates

L'expert se doit de procèder aux contrôles imposés par la norme C16-600.

▶ Loi Carrez

Le matériel adapté

Même si aucune réglementation ne l'exige, le professionnel doit être muni d'un télémètre afin d'obtenir des mesures suffisamment fiables et précises.

Les pratiques adéquates

Après une première visite du bien afin de l'apprécier dans sa globalité et après avoir pris connaissance de l'état descriptif de division contenu ou non dans le règlement de copropriété, le professionnel effectue le mesurage de tous les locaux accessibles et constitutifs des parties privatives du bien immobilier. A la fin de sa mission, sauf cas particulier, il peut communiquer oralement au propriétaire la surface totale mesurée.

Remarques et conseils

L'expert ne doit pas vous recommander d'entreprise de travaux

La loi interdit au diagnostiqueur d'avoir des liens avec des entreprises ou des artisans locaux susceptibles de réaliser des travaux en relation avec ses expertises, notamment de désamiantage, d'éradication des termites ou encore pour mettre en œuvre ses recommandations d'amélioration de la performance énergétique. Beaucoup d'artisans se rapprochent actuellement des diagnostiqueurs qui sont amenés, dans un proche avenir, à être des prescripteurs très courtisés. S'il recommande tout de même une entreprise, vous devez être vigilant et ne pas la contacter les yeux fermés. Là-aussi, il convient de vous faire envoyer plusieurs devis afin de comparer les prix et les prestations proposées.

L'accompagnateur doit faciliter la visite du bien en lui indiquant notamment les éventuelles zones cachées, comme un placard ou tout autre partie peu visible et ne doit pas hésiter à poser des questions au professionnel au cours de sa mission. Un diagnostiqueur, compétent et impliqué, aura satisfaction à lui donner quelques conseils de bonne utilisation du bien ou de prévention des risques qui pourront lui être très utiles.

▶ Délivrance d'une note (facture)

Le diagnostiqueur immobilier est tenu de remettre une note (appelée généralement facture) sur laquelle apparait obligatoirement (arrêté du 3 octobre 1983) :

— les coordonnées de l'entreprise, la date de rédaction de la note ainsi que les date et lieu d'exécution de la prestation ;

— le décompte détaillé, en quantité et en prix, des diagnostics effectués. Il est facultatif si la prestation a donné lieu, préalablement à son exécution, à l'établissement d'un devis descriptif et détaillé, accepté par le client et conforme à la mission effectuée ;

— la somme totale à payer hors taxes et toutes taxes comprises ;

— le nom de son client, sauf opposition de sa part.

La note doit être délivrée dès que la prestation a été rendue, en tout état de cause avant le paiement du prix.

Elle doit être établie en double exemplaire, l'original étant remis au client.

S'il estime avoir subi un dommage du fait d'une information inexistante ou insuffisante sur les prix, le client peut engager une action en responsabilité civile. En outre, il a la faculté de saisir la DGCCRF de son département. Le défaut d'affichage des prix ou de délivrance de note non détaillée constituent en effet des infractions que ses enquêteurs peuvent relever par procès-verbal (peines d'amende de 1 500 € et de 3 000 € en cas de récidive).

C. Les rapports de diagnostics

L'expert en diagnostic immobilier doit délivrer ses rapports au donneur d'ordre, c'est-à-dire à celui qui lui a commandé et payé la prestation. Il lui fera généralement parvenir en au moins deux exemplaires. Il nous paraît nécessaire de faire parvenir, si cela n'a pas été fait par le diagnostiqueur, une copie de ces rapports à l'agence immobilière pour l'informer du résultat des expertises.

Quand les diagnostics sont réceptionnés, il faut les lire et les contrôler. Aucun certificat ne doit manquer et ils doivent être complets.

Il convient d'abord de s'intéresser aux éventuelles omissions ou erreurs qui peuvent entacher leur conformité, notamment concernant :

— les noms de famille,
— les numéros de lots de copropriété,
— les références contractuelles,
— les dates,
— la description du bien,
— la liste des pièces visitées.

Il s'agit également de s'assurer que tous les rapports remis ont été rédigés et signés par le technicien venu sur place et dont on a vérifié les qualités.

Remarques et conseils

Ne pas hésiter à interroger l'expert

Si vous avez des doutes sur les conclusions des rapports que vous avez reçus, n'hésitez pas à interroger l'expert. Il pourra vous donner des explications sur les points qui vous paraissent moins clairs. Indiquez-lui, le cas échéant, les fautes de frappes dans votre nom ou votre adresse afin qu'il puisse les corriger. Il pourra vous préciser également les mesures éventuelles de précautions à adopter en cas de risques détectés et vous donner quelques conseils, s'il ne l'a pas fait sur place, pour mettre en œuvre ses recommandations.

▶ Le rôle du notaire

Le notaire chargé de s'assurer de la légalité de la vente, contrôle la conformité des diagnostics qui lui sont adressés. Outre les dates de validité, il vérifie l'existence de l'attestation sur l'honneur ou des attestations de certification et d'assurance que lui transmet le professionnel. Il n'a pas à juger de la qualité du rapport et encore moins de la pertinence de ses conclusions. En revanche, sa responsabilité peut être engagée (au titre de son devoir de conseil et d'information) s'il a mal vérifié la conformité des documents en sa possession.

• Le recours contre le notaire

Un notaire engage sa responsabilité personnelle pour l'ensemble de son activité professionnelle. Il est responsable du contenu, de la forme et de la conservation des actes qu'il rédige. Il a bien entendu à l'égard de son client, un devoir de conseil. En cas de préjudice lié à un manquement à son devoir de conseil, il convient de se rapprocher de lui afin d'obtenir des explications. Si le notaire reconnaît avoir commis une erreur, il ouvrira un dossier d'assurance responsabilité civile.

En l'absence de réponse ou en cas de réponse insatisfaisante, l'acquéreur peut saisir le Président de la Chambre des Notaires (par courrier recommandé avec avis de réception) qui a le pouvoir d'obtenir toutes les informations nécessaires sur le dossier de la vente afin de s'assurer de la manière dont il a été traité.

Le courrier à la Chambre des Notaires peut être rédigé ainsi :

Lettre recommandée avec avis de réception
Faute, préjudice, lien

Monsieur le Président,

J'ai signé le .... *(date)* à l'étude de Maître .... située à .... *(adresse)* un acte authentique de vente d'un bien immobilier. A l'occasion de cette vente, Maître .... a omis de me prévenir de : .... *(explication du litige)*

J'estime que Maître .... a manqué à son devoir de conseil.

Je souhaite donc obtenir réparation du préjudice que j'ai subi.

Dans l'attente de votre réponse, je vous prie de croire, Monsieur le Président, en l'assurance de mes respectueuses salutations.

Signature

PJ : copie de l'avant-contrat ou de l'acte authentique de vente.

Le Président de la chambre doit apporter une réponse. Si celle-ci n'est toujours pas satisfaisante, il sera alors possible de saisir le Procureur de la République.

Pour résumer

- Facilitez la mission du diagnostiqueur en lui assurant un accès sécurisé à toutes les parties du bien et en lui apportant les informations qui lui sont utiles.

- Ne contractez pas automatiquement avec une entreprise de travaux recommandée par le diagnostiqueur. Faite établir plusieurs devis écrits.

- Le professionnel doit vous remettre une facture avant le paiement du prix.

- Lisez et vérifiez attentivement les rapports de diagnostics et n'hésitez pas à interroger l'expert en cas de besoin.

Chapitre 3.

La responsabilité de l'expert en diagnostics immobiliers

La complexité de ses différentes missions peut être source d'erreurs pour l'expert. Il peut arriver qu'il ne repère pas une infestation de termites ou un matériau contenant de l'amiante par exemple.

En cas de faute de l'expert, le propriétaire ou l'acquéreur ou encore le locataire disposent de recours s'ils ont subi un préjudice causé par cette faute. L'étude de la jurisprudence existante, encore peu fournie du fait de la jeunesse de la profession, indique que l'expert est tenu à une obligation de moyens lors de la réalisation de ses missions.

A. L'obligation de moyens de l'expert

L'expert en diagnostic immobilier est tenu à une obligation de moyens : il s'engage à employer des moyens appropriés à l'obtention d'un résultat (comme un médecin s'engage à soigner le patient et non à le guérir).

La faute de l'expert consiste à ne pas avoir mis en œuvre des moyens suffisants, à ne pas avoir été suffisamment consciencieux, diligent ou prudent dans la conduite de sa mission.

Il commet une faute, s'il réalise un diagnostic incomplet, que ce soit par incompétence ou par négligence. C'est le cas d'un professionnel n'ayant pas mentionné une partie du bien diagnostiqué dans son rapport.

Il commet également une faute si le diagnostic qu'il délivre à son client est erroné. Si par exemple, il ne repère pas une anomalie grave sur l'installation de gaz ou si, après visite d'un bien infesté de termites, il rédige un rapport concluant en l'absence de termites.

Mais, les diagnostiqueurs étant depuis peu des professionnels certifiés, il y a fort à parier que son obligation de moyens deviendra bientôt une obligation de résultat. Il suffira alors d'une erreur de diagnostic pour établir son manquement professionnel comme c'est déjà le cas du mesurage imposé par la loi Carrez.

Remarques et conseils

Le cas particulier du mesurage de la loi Carrez

Contrairement aux autres diagnostics, l'auteur du mesurage de la loi carrez est soumis à une obligation de résultat. Le seul fait de ne pas aboutir au résultat demandé, c'est-à-dire la mesure de la bonne surface, suffit à engager sa responsabilité. Le seul moyen pour lui de s'exonérer de sa responsabilité étant de prouver l'existence d'un cas de force majeure qui l'aurait empêché d'obtenir la bonne mesure : par exemple la transmission par le propriétaire d'un état descriptif de division erroné.

B. Les recours contre l'expert auteur d'une faute

Si l'expert a commis une faute, il engage sa responsabilité délictuelle. Il appartient alors à la victime de prouver la faute et de démontrer qu'elle est la cause d'un préjudice.

Dans la plupart des diagnostics, les investigations et méthodes que doivent suivre l'expert sont précisément indiquées par les règles légales et normatives. Il n'est alors pas difficile de démontrer la faute.

▶ Les recours du vendeur ou du bailleur

Etant lié par un contrat avec le vendeur ou le bailleur, une erreur de diagnostic peut conduire à l'engagement de la responsabilité de l'expert.

C'est le cas, assez fréquent, des vendeurs ou des bailleurs qui ont dû indemniser l'acquéreur ou le locataire. Ils peuvent se retourner contre l'expert pour lui demander réparation du préjudice.

Exemple

Un propriétaire vend un appartement dont le sol de la plupart des pièces est recouvert de dalles amiantées. Le rapport de diagnostic ne fait pas état de cette présence d'amiante par faute de l'expert : il n'a pas prélevé d'échantillon des dalles pour le faire analyser. N'en ayant donc pas été informé au moment de son achat, l'acquéreur découvre l'anomalie quelques semaines après son entrée dans les lieux à l'occasion de travaux de rénovation.

Il est donc en droit d'engager la responsabilité du vendeur au titre de la garantie des vices cachés. Le vendeur est condamné à lui rembourser les frais du retrait des dalles.

Le vendeur peut alors se retourner contre l'expert auteur d'une faute lui ayant causé un préjudice (celui de devoir indemniser son acquéreur).

▶ Les recours de l'acquéreur ou du locataire

En présence d'une clause valable d'exonération de la garantie des vices cachés, le vendeur n'est pas tenu de réparer le préjudice subi par l'acquéreur. Il reste toutefois à ce dernier la possibilité d'agir à l'encontre de l'expert en diagnostic immobilier qui aurait commis une faute, en recherchant sa responsabilité délictuelle. Il doit donc pour cela, lui aussi, prouver la faute du diagnostiqueur et démontrer que cette faute est la cause de son préjudice.

Le cas échéant, l'action est à engager devant le tribunal de grande instance du lieu de situation de l'immeuble avec l'assistance obligatoire d'un avocat. Pour démontrer la faute du diagnostiqueur, il sera nécessaire de faire pratiquer une contre-expertise par un autre professionnel.

Remarques et conseils

La clause de subrogation

De plus en plus de notaires introduisent dans les actes de vente une clause prévoyant la subrogation de l'acquéreur dans les droits du vendeur à l'encontre du professionnel. Cette clause permet à l'acquéreur d'agir directement et donc plus facilement contre le professionnel auteur d'une faute même si aucun contrat ne les relie.

▶ Quel préjudice réparable ?

C'est au seul juge d'estimer de façon individualisée la nature et le montant du préjudice. Il n'existe donc pas de règles en la matière. Mais généralement, ce sont les frais de la vente : droits de mutations, honoraires du notaire, commission de l'agence et toutes les dépenses liés à la vente.

Ce peut être aussi le coût des travaux de désamiantage, de retrait ou d'éradication, voire le dommage moral causé par la situation : le fait d'avoir été contraint de vivre dans un logement présentant des risque pour sa santé ou sa sécurité sans en avoir été informé en raison de la faute de l'expert.

Remarques et conseils

Avant toute action judiciaire

Avant toute action judiciaire (au tribunal de grande instance), il peut être utile de contacter l'expert afin de lui exposer vos griefs et de recueillir ses explications.

En cas de doute sur les diagnostics réalisés, il est aussi possible de s'adresser à la fédération ou au syndicat de diagnostiqueur auquel appartient éventuellement l'expert. Une telle organisation peut proposer une médiation.

Si l'on souhaite porter plainte parce que le cabinet de diagnostic a commis une infraction pénale, il faut saisir le Procureur de la République par courrier recommandé avec avis de réception. Le modèle suivant peut être utilisé :

Monsieur le Procureur de la République
Du Tribunal de Grande Instance de ...
.... *(adresse)*

Objet : plainte à l'encontre de ....

Monsieur Le Procureur de la République,

J'ai l'honneur de porter plainte contre .... *(nom du professionnel)*, en sa qualité de responsable de la société de diagnostic immobilier .... située à ....

En effet, ... *(description de l'infraction)*.

Aussi, je demande réparation du préjudice subi, qui s'élève à .... €

Cette somme correspond à ....

Dans l'espoir que vous voudrez bien prendre en considération ma requête, je vous prie d'agréer, Monsieur le Procureur de la République, l'assurance de ma parfaite considération.

Signature

Annexes

Annexe 1.

Adresses et sites utiles

Principales fédérations d'experts

ANEX - Association Nationale des Experts Immobiliers
15 rue Labélonye - 78400 Chatou
Tél. : 01 40 89 08 15

APEVI - Association des Professionnels en Expertises de Ventes Immobilières
11 rue du Général Baron Gorsse - 81000 Albi
Tél. : 05 63 45 02 75

CFDI - Confédération Française du Diagnostic Immobilier
16 avenue de Bordeaux - B.P. 73 - 33510 Andernos-les-Bains
Tél. : 05 56 26 25 25 - www.la-cfdi.fr

CNEI - Compagnie Nationale des Experts Immobiliers
18 rue Volney - 75002 Paris
Tél. : 01 42 96 18 46 - www.expert-cnei.com

CSEIF - Chambre Syndicale des Experts Immobiliers de France
34 rue Joffre - 75002 Paris
Tél. : 03 82 84 50 09 - www.cseif.com

FIDI - Fédération Interprofessionnelle du Diagnostic Immobilier
9 rue Notre-Dame de Lorette - 75009 Paris
Tél. : 01 48 33 95 66 - www.fidi.fr

FNAIM - Fédération Nationale des Agents Immobiliers Chambre des diagnostiqueurs immobiliers
129, rue du Faubourg Saint-Honoré - 75008 Paris
Tél. : 01 44 20 77 00 - www.experts-fnaim.org

FNECI - Fédération Nationale des Experts de l'Immobilier et de la Construction
102 avenue de la République - 92400 Courbevoie
Tél. : 08 20 48 04 91 - www.fneci.org

FNEIB - Fédération Nationale des Experts de l'Immobilier et du Bâtiment
Les Terrasses de Sextius - Rue Armand Lunel
13100 Aix-en-Provence
Tél. : 04 95 38 01 25 - www.fneib.com

ONDI - Observatoire National du Diagnostic Immobilier
37 route de Paris - 31140 Aucamville
Tél. : 05 61 37 73 79

Ordre des géomètres-experts
40 avenue Hoche - 75008 Paris
Tél. : 01 53 83 88 00 - www.geometre-expert.fr

Réso A+
Maison des architectes de la ville
Place François Miterrand - 59777 Euralille
Tél. : 03 20 14 61 15

SNEQDI - Syndicat National des Experts Qualifiés en Diagnostics Immobiliers
Rue du 11 novembre 1918 - 33320 Le Taillan Medoc
Tél. : 05 56 11 70 11

SNETI - Syndicat National des Experts et Technicien en Immobilier
34 rue Roubichou - 31500 Toulouse
Tél. : 05 61 58 05 57

UNECTPI - Union Nationale des Experts Certifiés et Techniciens en Parasitologie Immobilière et autres diagnostics immobiliers
25 avenue du Général Leclerc - 33260 La Teste de Buch
Tél. : 05 56 54 96 69 - www.unecpti.com

UNEDTBI - Union nationale des experts en diagnostics techniques bâtiment immobilier
6 rue Kléber - 49300 Cholet
Tél. : 02 41 55 60 84 - www.unedtbi.com

Organismes de certification accredités par le COFRAC

AFAQ-AFNOR Certification
116 avenue Aristide Briand - BP 83
92250 Bagneux cedex
Tél. : 01 46 11 39 10 - www.afaq.org

Apave Certification
191 rue de Vaugirard - 75015 Paris
www.apave-certification.com

Bureau Veritas Certification
Le Guillaumet - 92046 Paris La Défense
Tél. : 01 41 97 58 26 - www.bvqi.fr

CATED Certification
12 avenue Gay Lussac - ZAC de la Clé Saint-Pierre
78890 Elancourt
Tél. : 01 30 85 24 60 - www.cated.fr

CERTIFI
37 route de Paris - 31140 Aucamville
Tél. : 05 61 37 73 77 - www.certifi.fr

DEKRA Certification de Personnes
Service gestion
14 rue La Fayette - 75009 Paris
Tél. : 01 41 17 11 20
www.dekra-certificationdepersonnes.com

ECACERT
104 avenue Albert-Premier - 93500 Rueil-Malmaison
Tél. : 01 41 39 84 34 - www.ecacert.fr

I.CERT
116 bis avenue Eugène Pottier - 35000 Rennes
Tél. : 02 90 09 19 15 - www.icert.fr

INSECA
Pôle Universitaire Léonard de Vinci
92916 Paris La Défense cedex
www.inseca.fr

Les Certificateurs associés (FCBA/Certigaz)
BP 227 - 33028 Bordeaux cedex
Tél. : 08 00 77 64 00 - www.lescertificateursassocies.fr

Qualixpert – LCC
17 rue Borell - 81100 Castres
Tél. : 05 63 73 06 13 - www.qualixpert.com

SGS

191 avenue Aristide Briand - 94237 Cachan cedex
Tél. : 01 41 24 87 28 - www.fr.sgs.com

SQI

83-93 avenue Paul Vaillant-Couturier - 94250 Gentilly
Tél. : 01 41 98 09 49 - www.sqi-online.com

Autres adresses et sites utiles

ADEME - Agence de l'environnement et de la maîtrise de l'énergie

Tél. : 08 10 06 00 50 - www.ademe.fr

ANAH

8, avenue de l'Opéra - 75001 Paris
Tél. : 08 26 80 39 39 - www.anah.fr

ANIL - Association nationale pour l'information sur le logement

2, boulevard Saint-Martin - 75010 Paris
www. anil.org

Chambres départementales des notaires

www.notaires.fr

DDASS - Direction départementale des affaires sanitaires et sociales

www.sante.gouv.fr

DGCCRF - Direction générale de la concurrence, de la consommation et de la répression des fraudes

3939 (info service consommation)
www.minefi.gouv.fr

DGALN - Direction Générale de l'aménagement, du logement et de la nature
Mission Communication
Cellule info logement

Arche de La Défense, paroi sud - 92055 La Défense
www.urbanisme.equipement.gouv.fr

FCBA Institut technologique (CTBA)

10 avenue de Saint-Mandé - 75012 Paris
Tél. : 01 40 19 49 19 - www.fcba.fr - www.termites.com

Grenelle de l'Environnement

www.legrenelle-environnement.fr

Ministère de l'Ecologie, de l'Energie, du Développement durable et de l'Aménagement du territoire

www.developpement-durable.gouv.fr - www.logement.gouv.fr
www.pact-arim.org - www.prim.net

PREBAT - Programme de recherche sur les économies d'énergie dans le bâtiment

www.prebat.net

QUALIBAT

55 avenue Kléber - 75784 Paris cedex 16
Tel : 01 47 04 26 01 - www.qualibat.com

Autres sites à consulter :

www.coproprietes.org
www.faisonsvite.fr
www.pact-arim.org
www.prim.net
www.rt-batiment.fr

Annexe 2.

Les principaux textes légaux

Dossier de diagnostic technique

Article L271-4

I. - En cas de vente de tout ou partie d'un immeuble bâti, un dossier de diagnostic technique, fourni par le vendeur, est annexé à la promesse de vente ou, à défaut de promesse, à l'acte authentique de vente. En cas de vente publique, le dossier de diagnostic technique est annexé au cahier des charges.

Le dossier de diagnostic technique comprend, dans les conditions définies par les dispositions qui les régissent, les documents suivants :

1° Le constat de risque d'exposition au plomb prévu aux articles L. 1334-5 et L. 1334-6 du Code de la santé publique ;

2° L'état mentionnant la présence ou l'absence de matériaux ou produits contenant de l'amiante prévu à l'article L. 1334-13 du même code ;

3° L'état relatif à la présence de termites dans le bâtiment prévu à l'article L. 133-6 du présent code ;

4° L'état de l'installation intérieure de gaz prévu à l'article L. 134-6 du présent code ;

5° Dans les zones mentionnées au I de l'article L. 125-5 du Code de l'environnement, l'état des risques naturels et technologiques prévu au deuxième alinéa du I du même article ;

6° Le diagnostic de performance énergétique prévu à l'article L. 134-1 du présent code ;

7° L'état de l'installation intérieure d'électricité prévu à l'article L. 134-7 ;

8° Le document établi à l'issue du contrôle des installations d'assainissement non collectif mentionné à l'article L. 1331-11-1 du Code de la santé publique.

Les documents mentionnés aux 1°, 4° et 7° ne sont requis que pour les immeubles ou parties d'immeuble à usage d'habitation.

Le document mentionné au 6° n'est pas requis en cas de vente d'un immeuble à construire visée à l'article L. 261-1.

Lorsque les locaux faisant l'objet de la vente sont soumis aux dispositions de la loi n° 65-557 du 10 juillet 1965 fixant le statut de la copropriété des immeubles bâtis ou appartiennent à des personnes titulaires de droits réels immobiliers sur les locaux ou à des titulaires de parts donnant droit ou non à l'attribution ou à la jouissance en propriété des locaux, le document mentionné au 1° porte exclusivement sur la partie privative de l'immeuble affectée au logement et les documents mentionnés au 3°, 4° et 7° sur la partie privative du lot.

II. - En l'absence, lors de la signature de l'acte authentique de vente, d'un des documents mentionnés aux 1°, 2°, 3°, 4°, 7° et 8° du I en cours de validité, le vendeur ne peut pas s'exonérer de la garantie des vices cachés correspondante.

En l'absence, lors de la signature de l'acte authentique de vente, du document mentionné au 5° du I, l'acquéreur peut poursuivre la résolution du contrat ou demander au juge une diminution du prix.

L'acquéreur ne peut se prévaloir à l'encontre du propriétaire des informations contenues dans le diagnostic de performance énergétique qui n'a qu'une valeur informative.

Article L271-5

La durée de validité des documents prévus aux 1° à 4°, 6° et 7° du I de l'article L. 271-4 est fixée par décret en fonction de la nature du constat, de l'état ou du diagnostic.

Si l'un de ces documents produits lors de la signature de la promesse de vente n'est plus en cours de validité à la date de la signature de l'acte authentique de vente, il est remplacé par un nouveau document pour être annexé à l'acte authentique de vente.

Si le constat mentionné au 1° établit l'absence de revêtements contenant du plomb ou la présence de revêtements contenant du plomb à des concentrations inférieures aux seuils définis par arrêté des ministres chargés de la santé et de la construction, il n'y a pas lieu de faire établir un nouveau constat à chaque mutation, le constat initial étant joint au dossier de diagnostic technique.

Si, après la promesse de vente, la parcelle sur laquelle est implanté l'immeuble est inscrite dans une des zones mentionnées au I de l'article L. 125-5 du Code de l'environnement ou l'arrêté préfectoral prévu au III du même article fait l'objet d'une mise à jour, le dossier de diagnostic technique est complété lors de la signature de l'acte authentique de vente par un état des risques naturels et technologiques ou par la mise à jour de l'état existant.

Article R271-5

Par rapport à la date de la promesse de vente ou à la date de l'acte authentique de vente de tout ou partie d'un immeuble bâti, les documents prévus aux 1°, 3°, 4° et 6° du I de l'article L. 271-4 doivent avoir été établis depuis :

— sous réserve des dispositions de l'alinéa 3 de l'article L. 271-5, moins d'un an pour le constat de risque d'exposition au plomb ;
— moins de six mois pour l'état du bâtiment relatif à la présence de termites ;
— moins de trois ans pour l'état de l'installation intérieure de gaz ;
— moins de dix ans pour le diagnostic de performance énergétique.

Risque saturnisme

Plomb dans les peintures

• Code de la santé publique : articles L1334-1 à 12 - Lutte contre la présence de plomb ou d'amiante

• Code de la santé publique : articles R1334-1 à R1334-13 - Lutte contre la présence de plomb

• Code de la santé publique : articles D3113-6 et D3113-7 - Liste des maladies

• Code de la santé publique : article L3113-1

• Arrêté du 21 novembre 2006 définissant les critères de certification des compétences des personnes physiques opérateurs de repérage et de diagnostic amiante dans les immeubles bâtis et les critères d'accréditation des organismes de certification

• Décret n°2006-1114 du 5 septembre 2006 relatif aux diagnostics techniques immobiliers et modifiant le Code de la construction et de l'habitation et le Code de la santé publique

• Arrêté du 25 avril 2006 relatif au constat de risque d'exposition au plomb

- Arrêté du 25 avril 2006 relatif au contrôle des travaux en présence de plomb, réalisés en application de l'article L. 1334-2 du Code de la santé publique
- Arrêté du 25 avril 2006 relatif aux travaux en parties communes nécessitant l'établissement d'un constat de risque d'exposition au plomb
- Décret 2006-474 du 25 avril 2006 relatif à la lutte contre le saturnisme et modifiant les articles R1334-1 à 13 du Code de la Santé
- Ordonnance n° 2005-655 du 8 juin 2005 relative au loge ment et à la construction
- Loi n°2004-806 du 9 août 2004 relative à la politique de santé publique
- Arrêté du 5 février 2004 relatif à la déclaration obligatoire du saturnisme de l'enfant mineur
- Loi n°98-657 du 29 juillet 1998 d'orientation relative à la lutte contre les exclusions
- Norme X46-030 : protocole de réalisation d'un constat de risque d'exposition au plomb
- Norme X46-031 : méthode d'extraction du plomb acido-soluble et son dosage
- Norme X 46-032 : méthodologie de mesures du plomb dans les poussières

DRIP (Diagnostic du Risque d'Intoxication par le Plomb des peintures)

- Arrêté du 25 avril 2006 relatif au diagnostic d'intoxication par le plomb des peintures
- Arrêté du 25 avril 2006 relatif au contrôle des travaux en présence de plomb, réalisés en application de l'article L. 1334-2 du Code de la santé publique

Plomb dans l'eau

- Code de la Santé Publique : article R1321-1 à 105 relatifs à la sécurité sanitaire des eaux potables
- Circulaire du 5 février 2004 DGS/SD7A n°45
- Arrêté du 31 décembre 2003 relatif aux conditions d'échantillonnage à mettre en oeuvre pour mesurer le plomb, le cuivre et le nickel dans les eaux destinées à la consommation humaine pris en application de l'article R. 1321-20 du Code de la santé publique
- Décret n° 2001-1220 du 20 décembre 2001 relatif aux eaux destinées à la consommation humaine, à l'exclusion des eaux minérales naturelles

Etat mentionnant la présence ou l'absence de matériaux ou produits contenant de l'amiante

- Code de la Santé Publique : articles R1334-14 à R1334-22 relatifs aux flocages, calorifugeages et faux plafonds
- Code de la Santé Publique : articles R1334-23 à R1334-28 relatifs aux ventes d'immeubles bâtis, dossier technique amiante et repérage avant démolition
- Code de la Santé Publique : article R1334-29 relatif à l'attestation de compétence
- Code de la Santé Publique : article L1334-13
- Arrêté du 21 novembre 2006 définissant les critères de certification des compétences des personnes physiques opérateurs de repérage et de diagnostic amiante dans les immeubles bâtis et les critères d'accréditation des organismes de certification

- Décret n° 2006-1114 du 5 septembre 2006 relatif aux diagnostics techniques immobiliers et modifiant le Code de la construction et de l'habitation et le Code de la santé publique

- Arrêté du 25 avril 2005 relatif à la formation à la prévention des risques liés à l'amiante.

- Arrêté du 25 avril 2005 modifiant l'arrêté du 14 mai 1996 relatif aux règles techniques et de qualification que doivent respecter les entreprises effectuant des activités de confinement et de retrait d'amiante.

- Arrêté du 2 décembre 2002 relatif à l'exercice de l'activité et à la formation des contrôleurs techniques et techniciens de la construction effectuant des missions de repérage et de diagnostic de l'état de conservation des matériaux et produits contenant de l'amiante en application du décret n° 96-97 du 7 février 1996 modifié

- Arrêté du 22 août 2002 relatif aux consignes générales de sécurité du dossier technique « amiante », au contenu de la fiche récapitulative et aux modalités d'établissement du repérage

- Arrêté du 2 janvier 2002 relatif au repérage des matériaux et produits contenant de l'amiante avant démolition

- Arrêté du 24 décembre 2001 portant agrément d'organismes habilités à procéder aux mesures de la concentration en poussières d'amiante des immeubles bâtis

- Arrêté du 15 janvier 1998 relatif aux modalités d'évaluation de l'état de conservation des flocages et des calorifugeages contenant de l'amiante et aux mesures d'empoussièrement dans les immeubles bâtis

- Arrêté du 26 décembre 1997 relatif aux règles techniques que doivent respecter les entreprises effectuant des activités de confinement et de retrait d'amiante

- Arrêté du 28 novembre 1997 relatif aux compétences des organismes procédant à l'identification d'amiante dans les flocages, les calorifugeages et les faux plafonds

- Décret n° 96-1133 du 24 décembre 1996 relatif à l'interdiction de l'amiante, pris en application du Code du travail et du Code de la consommation

- Décret n° 96-97 du 7 février 1996 relatif à la protection de la population contre les risques sanitaires liés à une exposition à l'amiante dans les immeubles bâtis

- Normes XP 46-020 et XP 46-023

Etat relatif à la présence de termites

- Code de la Construction et de l'Habitation : articles L133-1 à L133-6 et R133-1 à R133-7 relatifs à la lutte contre les termites

- Arrêté du 29 mars 2007 définissant le modèle et la méthode de réalisation de l'état du bâtiment relatif à la présence de termites

- Décret n° 2006-591 du 23 mai 2006 relatif à la protection des bâtiments contre les termites et autres insectes xylophages et modifiant le Code de la construction et de l'habitation

- Décret n° 2000-613 du 3 juillet 2000 relatif à la protection des acquéreurs et propriétaires d'immeubles contre les termites

- Loi n° 99-471 du 8 juin 1999 tendant à protéger les acquéreurs et propriétaires d'immeubles contre les termites et autres insectes xylophages. Ministère de l'équipement, des transports et du logement

- Norme NF P 03201

Etat des risques naturels et technologiques

- Code de l'environnement: articles L125-5, R125-10, R125-11 et R125-23 à R125-27 relatifs à l'information des acquéreurs et des locataires de biens immobiliers sur les risques naturels et technologiques majeurs
- Ordonnance n° 2005-655 du 8 juin 2005 relative au logement et à la construction
- Loi n° 2003-699 du 30 juillet 2003 relative à la prévention des risques technologiques et naturels et à la réparation des dommages

Arrêté du 13 octobre 2005 portant définition du modèle d'imprimé pour l'établissement de l'état des risques naturels et technologiques

Article 1er de l'arrêté du 13 octobre 2005

L'annexe au présent arrêté définit le modèle d'imprimé pour l'établissement de l'état des risques naturels et technologiques prévu par le deuxième alinéa du I de l'article L. 125-5 du Code de l'environnement.

Article 2 de l'arrêté du 13 octobre 2005

L'imprimé est librement disponible en préfecture, sous-préfecture et en mairie et téléchargeable à partir du site internet du ministère chargé de la prévention des risques majeurs.

Article 3 de l'arrêté du 13 octobre 2005

Le présent arrêté sera publié au Journal officiel de la République française.

Qui doit et comment remplir l'état des risques naturels et technologiques ?

Lors de toute transaction immobilière en annexe de tout type de contrat de location écrit, de réservation d'un bien en l'état futur d'achèvement, de la promesse de vente ou de l'acte réalisant ou constatant la vente d'un bien immobilier ou non bâti.

Quelles sont les personnes concernées ?

Aux termes des articles L. 125-5 et R. 125-23 à 27 du Code de l'environnement, les acquéreurs ou locataires de bien immobilier, de toute nature, doivent être informés par le vendeur ou le bailleur, qu'il s'agisse ou non d'un professionnel de l'immobilier, de l'existence des risques auxquels ce bien est exposé.

Un état des risques, fondé sur les informations transmises par le préfet du département au maire de la commune où est situé le bien, doit être en annexe de tout type de contrat de location écrit, de la réservation pour une vente en l'état futur d'achèvement, de la promesse de vente ou de l'acte réalisant ou constatant la vente de ce bien immobilier qu'il soit bâti ou non bâti.

Quel est le champ d'application de cette obligation ?

Cette obligation d'information s'applique dans chacune des communes dont la liste est arrêtée par le préfet du département, pour les biens immobiliers bâtis ou non bâtis situés :

1. Dans le périmètre d'exposition aux risques délimité par un plan de prévention des risques technologiques ayant fait l'objet d'une approbation par le préfet ;

2. Dans une zone exposée aux risques délimitée par un plan de prévention des risques naturels prévisibles approuvés par le préfet ou dont certaines dispositions ont été rendues immédiatement opposables en application du Code de l'environnement (art. L. 562-2) ;

3. Dans le périmètre mis à l'étude dans le cadre de l'élaboration des risques technologiques ou d'un plan de prévention des risques naturels prévisibles prescrit par le Préfet ;

Dans une des zones de sismicité I a, I b, II ou III mentionnées à l'article 4 du décret du 14 mai 1991.

N.B. : Le terme bien immobilier s'applique à toute construction individuelle ou collective, à tout terrain, parcelle ou ensemble des parcelles contiguës appartenant à un même propriétaire ou à une même indivision.

Où consulter les documents de référence ?

Pour chaque commune concernée, le préfet du département arrête :

- La liste des risques naturels prévisibles et des risques technologiques à prendre en compte ;
- La liste des documents auxquels le vendeur ou le bailleur peut se référer.

L'arrêté préfectoral comporte en annexe, pour chaque commune concernée :

1. Un ou plusieurs extraits des documents permettant de délimiter les zones de la commune exposées aux risques pris en compte ;

2. Une fiche permettant de préciser la nature et, dans la mesure du possible, l'intensité des risques dans chacune des zones et périmètres délimités par le plan prévention des risques naturels ou technologiques et dans les zones de sismicité I a, I b, II ou III.

Le préfet adresse copie de l'arrêté au maire de chaque commune intéressée et à la chambre départementale des notaires.

L'arrêté est affiché dans les mairies de ces communes et publié au recueil des actes administratifs de l'Etat dans le département.

Un avis de publication de l'arrêté est inséré dans un journal diffusé dans le département.

Les arrêtés sont mis à jour :

- lors de l'entrée en vigueur d'un arrêté préfectoral rendant immédiatement opposables certaines dispositions d'un plan de prévention des risques naturels prévisibles, ou approuvant un plan de prévention des risques naturels prévisibles ou un plan de prévention des risques technologiques, ou approuvant la révision d'un de ces plans ;

- lorsque des informations nouvelles portées à la connaissance du préfet permettent de modifier l'appréciation de la sismicité locale, de la nature ou de l'intensité des risques auxquels se trouve exposée tout ou partie d'une commune faisant l'objet d'un de ces plans.

Les documents mentionnés ci-dessus peuvent être consultés en mairie des communes concernées ainsi qu'à la préfecture et dans les sous-préfectures du département où est situé le bien mis en vente ou en location. Certains peuvent être directement consultables sur internet à partir du site de la préfecture du département.

Qui établit l'état des risques ?

L'état des risques est établi directement par le vendeur ou le bailleur, le cas échéant avec l'aide d'un professionnel qui intervient dans la vente ou la location du bien.

Cet état doit être établi moins de 6 mois avant la date de conclusion de tout type de contrat de location écrit, de la réservation pour une vente en l'état futur d'achèvement, de la promesse de vente ou de l'acte réalisant ou constatant la vente du bien immobilier auquel il est annexé.

Il est valable pour la totalité de la durée du contrat et de son éventuelle reconduction. En cas de colocation, il est fourni à chaque signataire lors de sa première entrée dans les lieux. Le cas échéant, il est actualisé en cas d'une entrée différée d'un des colocataires.

Quelles informations doivent figurer ?

L'état des risques mentionne la sismicité et les risques naturels ou technologiques pris en compte dans le ou les plans de prévention et auxquels le bien est exposé. Cet état est accompagné des extraits des documents de référence permettant de localiser le bien au regard de ces risques.

Comment remplir l'état des risques ?

Il suffit de reporter les informations contenues dans l'arrêté préfectoral et dans les documents de référence : situation au regard du ou des plans de prévention, nature des risques encourus et sismicité locale.

Dans quel délai l'obligation est-elle applicable ?

L'état des risques est dû à compter du premier jour du quatrième mois suivant la publication de l'arrêté préfectoral au recueil des actes administratifs dans le département et en toute hypothèse à compter du 1er juin 2006.

L'obligation d'information sur un dommage consécutif à une catastrophe naturelle ou technologique.

Dans le cas où la commune a fait l'objet d'un ou plusieurs arrêtés de reconnaissance de l'état de catastrophe naturelle ou technologique, et si le bien a fait l'objet d'une indemnisation particulière, il convient d'annexer au contrat une déclaration du ou des sinistres indemnisés et dont on a connaissance. Cette déclaration ne fait pas l'objet d'un imprimé particulier.

La conservation de l'état des risques.

Le vendeur ou le bailleur doit conserver une copie de l'état des risques daté et visé par l'acquéreur ou le locataire, pour être en mesure de prouver qu'il a bien été remis lors de la signature du contrat de vente ou du bail dont il est une composante.

Diagnostic de performance énergétique

- Décret n° 2008-461 du 15 mai 2008 relatif au diagnostic de performance énergétique lors des mises en location de bâtiments à usage principal d'habitation et modifiant le Code de la construction et de l'habitation

- Arrêté du 6 mai 2008 portant confirmation de l'approbation de la méthode de calcul Th-C-E prévue aux articles 4 et 5 de l'arrêté du 24 mai 2006 relatif aux caractéristiques thermiques des bâtiments neufs et des parties nouvelles de bâtiments

- Arrêté du 7 décembre 2007 relatif à l'affichage du diagnostic de performance énergétique dans les bâtiments publics en France métropolitaine

- Code de la Construction et de l'Habitation: articles L134-1 à L 134-5 relatifs au diagnostic de performance énergétique

- Code de la Construction et de l'Habitation: articles R134-1 à R134-5 relatifs au diagnostic de performance énergétique

- Décret n° 2007-363 du 19 mars 2007 relatif aux études de faisabilité des approvisionnements en énergie, aux caractéristiques thermiques et à la performance énergétique des bâtiments existants et à l'affichage du diagnostic de performance énergétique

- Décret n° 2006-1653 du 21 décembre 2006 relatif aux durées de validité des documents constituant le dossier de diagnostic technique et modifiant le Code de la construction et de l'habitation

- Arrêté du 15 septembre 2006 relatif aux méthodes et procédures applicables au diagnostic de performance énergétique pour les bâtiments existants proposés à la vente en France métropolitaine

- Arrêté du 15 septembre 2006 relatif au diagnostic de performance énergétique pour les bâtiments existants proposés à la vente en France métropolitaine

- Décret n° 2006-1147 du 14 septembre 2006 relatif au diagnostic de performance énergétique et à l'état de l'installation intérieure de gaz dans certains bâtiments

- Décret n°2006-592 du 24 mai 2006 relatif aux caractéristi ques thermiques et performance énergétique des constructions

- Décret n° 2005-295 du 22 mars 2005 portant publication du protocole de Kyoto à la convention cadre des Nations Unies sur les changements climatiques Kyoto le 11 décembre 1997 et signé par la France le 29 avril 1998

- Directive 2002/91/CE du Parlement Européen et du Conseil du 16 décembre 2002 sur la performance énergétique des bâtiments

Garantie de superficie "loi Carrez"

- Décret 97-532 du 23 mai 1997 portant définition de la superficie

- Loi 96-1107 du 18 décembre 1996 améliorant la protection des acquéreurs de lots de copropriété

- Loi 65- 557 du 10 juillet 1965 fixant le statut de la copropriété des immeubles bâtis

Etat de l'installation intérieur de gaz

- Code de la Construction et de l'habitation: article L134-6, R134-6 à 134-9 relatifs à l'état de l'installation intérieure de gaz
- Arrêté du 6 avril 2007 définissant les critères de certification des compétences des personnes physiques réalisant l'état de l'installation intérieure de gaz et les critères d'accréditation des organismes de certification
- Arrêté du 6 avril 2007 définissant le modèle et la méthode de réalisation de l'état de l'installation intérieure de gaz
- Loi n° 2003-8 du 3 janvier 2003 relative aux marchés du gaz et de l'électricité et au service public de l'énergie

Etat de l'installation intérieur d'électricité

- Code de la construction et de l'habitation : article L134-7
- Décret n° 2008-384 du 22 avril 2008 relatif à l'état de l'installation intérieure d'électricité dans les immeubles à usage d'habitation
- Loi n° 2006-872 du 13 juillet 2006 portant engagement national pour le logement

Contrôle de l'installation d'assainissement non-collectif

- Code de la santé publique : article L1331-11-1

Exploitation antérieure d'une exploitation classée

- Articles L.512-8 et L.514-20 du Code de l'environnement

Risques miniers

- L'article 1er, 2, 4, 75-2 et 94 du Code minier.

Obligation de déclaration de tout sinistre ayant donné lieu à indemnisation

- Article L125-5 du Code de l'environnement

Carnet d'entretien

- Articles 18 et 45-1 de la loi n°65-557 du 10 juillet 1965
- Article 4-4 du décret n°67-223 du 17 mars 1967

Diagnostic technique de l'immeuble

- Articles 4-4 du décret n°67-223 du 17 mars 1967
- Article L111-6-2 du Code de la construction et de l'habitation

Logement décent

Décret n°2002-120 du 30 janvier 2002

relatif aux caractéristiques du logement décent pris pour l'application de l'article 187 de la loi n° 2000-1208 du 13 décembre 2000 relative à la solidarité et au renouvellement urbains

Article 1

Un logement décent est un logement qui répond aux caractéristiques définies par le présent décret.

Article 2

Le logement doit satisfaire aux conditions suivantes, au regard de la sécurité physique et de la santé des locataires :

1. Il assure le clos et le couvert. Le gros œuvre du logement et de ses accès est en bon état d'entretien et de solidité et protège les locaux contre les eaux de ruissellement et les remontées d'eau.

Les menuiseries extérieures et la couverture avec ses raccords et accessoires assurent la protection contre les infiltrations d'eau dans l'habitation. Pour les logements situés dans les départements d'outre-mer, il peut être tenu compte, pour l'appréciation des conditions relatives à la protection contre les infiltrations d'eau, des conditions climatiques spécifiques à ces départements.

2. Les dispositifs de retenue des personnes, dans le logement et ses accès, tels que garde-corps des fenêtres, escaliers, loggias et balcons, sont dans un état conforme à leur usage.

3. La nature et l'état de conservation et d'entretien des matériaux de construction, des canalisations et des revêtements du logement ne présentent pas de risques manifestes pour la santé et la sécurité physique des locataires.

4. Les réseaux et branchements d'électricité et de gaz et les équipements de chauffage et de production d'eau chaude sont conformes aux normes de sécurité définies par les lois et règlements et sont en bon état d'usage et de fonctionnement.

5. Les dispositifs d'ouverture et de ventilation des logements permettent un renouvellement de l'air adapté aux besoins d'une occupation normale du logement et au fonctionnement des équipements.

6. Les pièces principales, au sens du troisième alinéa de l'article R. 111-1 du Code de la construction et de l'habitation, bénéficient d'un éclairement naturel suffisant et d'un ouvrant donnant à l'air libre ou sur un volume vitré donnant à l'air libre.

Article 3

Le logement comporte les éléments d'équipement et de confort suivants :

1. Une installation permettant un chauffage normal, munie des dispositifs d'alimentation en énergie et d'évacuation des produits de combustion et adaptée aux caractéristiques du logement. Pour les logements situés dans les départements d'outre-mer, il peut ne pas être fait application de ces dispositions lorsque les conditions climatiques le justifient ;

2. Une installation d'alimentation en eau potable assurant à l'intérieur du logement la distribution avec une pression et un débit suffisants pour l'utilisation normale de ses locataires ;

3. Des installations d'évacuation des eaux ménagères et des eaux-vannes empêchant le refoulement des odeurs et des effluents et munies de siphon ;

4. Une cuisine ou un coin cuisine aménagé de manière à recevoir un appareil de cuisson et comprenant un évier raccordé à une installation d'alimentation en eau chaude et froide et à une installation d'évacuation des eaux usées ;

5. Une installation sanitaire intérieure au logement comprenant un w.-c., séparé de la cuisine et de la pièce où sont pris les repas, et un équipement pour la toilette corporelle, comportant une baignoire ou une douche, aménagé de manière à garantir l'intimité personnelle, alimenté en eau chaude et froide et muni d'une évacuation des eaux usées. L'installation sanitaire d'un logement d'une seule pièce peut être limitée à un w.-c. extérieur au logement à condition que ce w.-c. soit situé dans le même bâtiment et facilement accessible ;

6. Un réseau électrique permettant l'éclairage suffisant de toutes les pièces et des accès ainsi que le fonctionnement des appareils ménagers courants indispensables à la vie quotidienne.

Dans les logements situés dans les départements d'outre-mer, les dispositions relatives à l'alimentation en eau chaude prévues aux 4 et 5 ci-dessus ne sont pas applicables.

Article 4

Le logement dispose au moins d'une pièce principale ayant soit une surface habitable au moins égale à 9 mètres carrés et une hauteur sous plafond au moins égale à 2,20 mètres, soit un volume habitable au moins égal à 20 mètres cubes.

La surface habitable et le volume habitable sont déterminés conformément aux dispositions des deuxième et troisième alinéas de l'article R. 111-2 du Code de la construction et de l'habitation.

Article 5

Le logement qui fait l'objet d'un arrêté d'insalubrité ou de péril ne peut être considéré comme un logement décent.

Article 6

Les travaux d'amélioration prévus à l'article 1er de la loi du 12 juillet 1967 susvisée sont ceux qui ont pour but exclusif de mettre les locaux en conformité avec tout ou partie des dispositions des articles 1er à 4 du présent décret, sans aboutir à dépasser les caractéristiques qui y sont définies.

Textes généraux

- Loi n°89-462 du 6 juillet 1989 tendant à améliorer les rapports locatifs
- Loi n°65-557 du 10 juillet 1965 fixant le statut des immeubles bâtis

Statut professionnel de l'expert en diagnostic immobilier

- Décret no 2006-1114 du 5 septembre 2006 relatif aux diagnostics techniques immobiliers et modifiant le Code de la construction et de l'habitation et le Code de la santé publique
- Ordonnance n° 2005-655 du 8 juin 2005 relative au logement et à la construction

Article L271-6

Les documents prévus aux 1° à 4°, 6° et 7° du I de l'article L. 271-4 sont établis par une personne présentant des garanties de compétence et disposant d'une organisation et de moyens appropriés.

Cette personne est tenue de souscrire une assurance permettant de couvrir les conséquences d'un engagement de sa responsabilité en raison de ses interventions.

Elle ne doit avoir aucun lien de nature à porter atteinte à son impartialité et à son indépendance ni avec le propriétaire ou son mandataire qui fait appel à elle, ni avec une entreprise pouvant réaliser des travaux sur les ouvrages, installations ou équipements pour lesquels il lui est demandé d'établir l'un des documents mentionnés au premier alinéa.

Un décret en Conseil d'Etat définit les conditions et modalités d'application du présent article.

Article R271-1

Pour l'application de l'article L. 271-6, il est recouru soit à une personne physique dont les compétences ont été certifiées par un organisme accrédité dans le domaine de la construction, soit à une personne morale employant des salariés ou constituée de personnes physiques qui disposent des compétences certifiées dans les mêmes conditions.

La certification des compétences est délivrée en fonction des connaissances techniques dans le domaine du bâtiment et de l'aptitude à établir les différents éléments composant le dossier de diagnostic technique.

Les organismes autorisés à délivrer la certification des compétences sont accrédités par un organisme signataire de l'accord européen multilatéral pris dans le cadre de la coordination européenne des organismes d'accréditation. L'accréditation est accordée en considération de l'organisation interne de l'organisme en cause, des exigences requises des personnes chargées des missions d'examinateur et de sa capacité à assurer la surveillance des organismes certifiés. Un organisme certificateur ne peut pas établir de dossier de diagnostic technique.

Des arrêtés des ministres chargés du logement, de la santé et de l'industrie précisent les modalités d'application du présent article.

Article R271-2

Les personnes mentionnées à l'article L. 271-6 souscrivent une assurance dont le montant de la garantie ne peut être inférieur à 300 000 euros par sinistre et 500 000 euros par année d'assurance.

Article R271-3

Lorsque le propriétaire charge une personne d'établir un dossier de diagnostic technique, celle-ci lui remet un document par lequel elle atteste sur l'honneur qu'elle est en situation régulière au regard des articles L. 271-6 et qu'elle dispose des moyens en matériel et en personnel nécessaires à l'établissement des états, constats et diagnostics composant le dossier.

Article R271-4

Est puni de l'amende prévue pour les contraventions de la cinquième classe le fait :

a) Pour une personne d'établir un document prévu aux 1° à 4° et au 6° de l'article L. 271-4 sans respecter les conditions de compétences, d'organisation et d'assurance définies par les articles R. 271-1 et R. 271-2 et les conditions d'impartialité et d'indépendance exigées à l'article L. 271-6 ;

b) Pour un organisme certificateur d'établir un dossier de diagnostic technique en méconnaissance de l'article R. 271-1 ;

c) Pour un vendeur de faire appel, en vue d'établir un document mentionné aux 1° à 4° et au 6° de l'article L. 271-4, à une personne qui ne satisfait pas aux conditions de compétences, d'organisation et d'assurance définies aux articles R. 271-1 et R. 271-2 ou aux conditions d'impartialité et d'indépendance exigées à l'article L. 271-6.

La récidive est punie conformément aux dispositions de l'article 132-11 du Code pénal.

IMPRESSION, BROCHAGE

imprimerie CHIRAT

42540 ST-JUST-LA-PENDUE
SEPTEMBRE 2008
DÉPÔT LÉGAL 2008 N° 2266

IMPRIMÉ EN FRANCE

Pour être informé de nos publications

Bon à nous retourner *pour recevoir notre catalogue complet et être informé de nos futures publications. Si une mise à jour* ***éventuelle*** *complète l'ouvrage indiqué ci-dessous, elle sera jointe à l'envoi gratuitement.*

NOM : .... Prénom : ....

Organisme : ....

Adresse : ....

....

Code postal : .... Ville : ....

☛ Titre de l'ouvrage : **Diagnostics immobiliers : vos droits - vos obligations**

☛ Date d'achat : ....

☛ Nom du libraire : ....

Vous pouvez également nous joindre ces renseignements
par fax : 01 64 23 69 42 ou e-mail : puitsfleuri@wanadoo.fr